SHOUBASHOU JIAONINXUE
QICHE MEIRONG

手把手教您学
汽车美容

谭续◎主编

机械工业出版社
CHINA MACHINE PRESS

本书以打造最全面的汽车美容参考用书为目的，以理论与实践相结合的形式，将一些常用的汽车美容方法和最新的美容技术一一展现在读者面前，旨在让读者尽快上手，应用正确的方法去做汽车美容。

本书具体内容包括：雾里看花——你了解汽车美容业吗；安全第一——汽车美容安全防护知识和安全操作规程；用对汽车美容用品护好车——教你如何选择汽车美容用品；汽车美容技师的伙伴——美容工具和设备；打铁还需自身硬——要掌握漆面美容与修复技术；打造汽车的内在美——内饰美容；谁说美貌不重要——汽车的外装饰；汽车防护出奇招——汽车防护系统的选购与改装；要有颗强劲的心脏——汽车发动机的护理；环境真的很重要——车内空气的净化10章。

本书适合刚进入汽车美容业的从业人员学习使用，也可作为相关院校的汽车美容教材。

图书在版编目（CIP）数据

手把手教您学汽车美容 / 谭续主编 .—北京：机械工业出版社，2014.4（2015.4重印）
ISBN 978-7-111-45744-2

Ⅰ.①手… Ⅱ.①谭… Ⅲ.①汽车—车辆保养 Ⅳ.① U472

中国版本图书馆 CIP 数据核字（2014）第 023990 号

机械工业出版社（北京市百万庄大街 22 号 邮政编码 100037）
策划编辑：连景岩 责任编辑：连景岩 於 薇
版式设计：霍永明 责任校对：王晓峥
责任印制：刘 岚
北京画中画印刷有限公司印刷
2015 年 4 月第 1 版第 2 次印刷
184mm × 260mm·11 印张·271 千字
3 001—5 000册
标准书号：ISBN 978-7-111-45744-2
定价：49.90 元

凡购本书，如有缺页、倒页、脱页，由本社发行部调换

电话服务	网络服务
社服务中心：（010）88361066	教材网：http://www.cmpedu.com
销售一部：（010）68326294	机工官网：http://www.cmpbook.com
销售二部：（010）88379649	机工官博：http://weibo.com/cmp1952
读者购书热线：（010）88379203	**封面无防伪标均为盗版**

前言

随着经济的高速发展，人们的生活水平也随之发生了翻天覆地的变化，汽车得到了前所未有的普及，开始以全新的姿态进入人们的生活，为人们带来了风驰电掣的体验和方便快捷的出行。然而在兴奋的同时，广大车主也会为汽车出现的一些问题而感到苦恼。

汽车的保养、护理和维修等一系列的问题需要得到充分的重视，不可马虎大意，否则会对您的汽车产生一些意外的伤害。比如，新车买回后该如何清洗？汽车怎样进行漆面护理？打蜡该如何进行？怎样对汽车的内室进行消毒？可想而知，这一系列的问题都需要以专业的知识去解决。所以无论是车主还是专业的汽车美容人员，都应掌握专业的汽车美容知识，以便在汽车出现一些状况时，能够从容应对。而我们精心策划撰写的此书恰好能助您一臂之力，并能帮助您成为一名一流的汽车美容师。

本书采用文字与图片结合的方式，生动形象、便于领悟，内容涵盖了汽车抛光、打蜡、划痕处理、美容工具与设备、汽车外饰装置、内饰清洗、防护装置、汽车护理、车内空气净化等专业技术，详细地为车主和专业人员提供了具体有效的解决方法，从而为爱车的健康靓丽保驾护航，使车主能够自在出行。

相信此书能使您的汽车熠熠生辉，成为行驶道路上的一道亮丽风景线，同时也能使您掌握专业的汽车美容知识，成为一名合格的汽车美容师。

本书在整个编写过程中，作者以图文并茂的形式、通俗易懂的文字使读者一目了然，并力求将书中的全部内容与实际生活紧密结合，让每一个知识点都能够学为所用，真正地成为车主和汽车美容专业人员的实用指南。

本书在编写过程中，得到了北京市昌平区回龙观别克车行专修维护店相关人员的大力支持在此表示感谢。陈远吉、李娜、宁平、陈东旭、姚丽丽、张孝迪、管志菲、吴健、李倩、陈桂香、罗欢等也参与了本书的编写工作。

由于本书编者的水平有限以及汽车美容知识的不断更新，书中难免有不足之处，敬请广大读者和专业人士批评指正。

编　者

目 录
CONTENTS

入门关键：

“汽车美容”在西方国家被称为“汽车保养护理”，它已成为普及性的、专业化很强的服务行业，是一种全新的汽车养护概念，与一般的洗车打蜡有着本质上的区别。汽车美容应使用专业优质的养护产品，针对汽车各部位进行有针对性的保养、美容和翻新。这些养护产品是采用高科技手段及优等化工原料制成的，不仅能使汽车焕然一新，还能让旧汽车全面彻底翻新，并长久保持艳丽的光彩，使经专业美容后的汽车的外观亮洁如新，漆面亮光能长时间保持，以有效地延长汽车的寿命。

第一章

雾里看花——你了解汽车美容业吗

第一节　有关汽车美容的那些事

一　何为汽车美容

1）汽车美容的概念	汽车美容是汽车生产、销售、维修之外的“第四行业”。**所谓汽车美容是指针对汽车各部位不同材质所需的保养条件，采用不同性质的汽车美容护理用品及施工工艺，对汽车进行全新的保养护理**。这些产品是采用高科技手段及优等化工原料制成的，它不仅能使汽车焕然一新，还能让旧汽车全面彻底翻新，并长久保持艳丽的光彩
2）汽车美容的项目	汽车美容是针对汽车进行的美化、护理、装饰等作业的总称，主要包括汽车外表和车内的清洁、车身漆面的美容护理、汽车发动机的免拆清洗护理和汽车附属设备的加装及装饰等作业
3）汽车美容与汽车一般美容的区别	汽车的一般美容就是平常路边见到的一桶水、一条毛巾、一两个人进行的“汽车美容”，主要包括洗车、打蜡。这种方法能够将汽车表面上的污垢、灰尘洗去，也能够在打蜡之后增加车身表面的光亮度，起到粗浅的“美容”作用。但一般美容往往会造成以下不良后果：一是清洗不彻底，出现细微的划痕；二是水洗后擦拭不彻底，使车身的一些部位留有水渍，阳光一照，水分蒸发，会留下水痕，影响车身表面光泽；三是车身的门缝、窗边等凹槽处无法被擦干，一经阳光照射，形成水汽，会加重对漆膜和凹槽等处的腐蚀作用，加速车身的损坏；四是还可能会把漆膜划伤。所以，应避免对汽车进行一般美容

汽车的一般美容项目——洗车

汽车的一般美容项目——打蜡

汽车美容项目——抛光

汽车美容项目——车室内清洁

3）汽车美容与汽车一般美容的区别

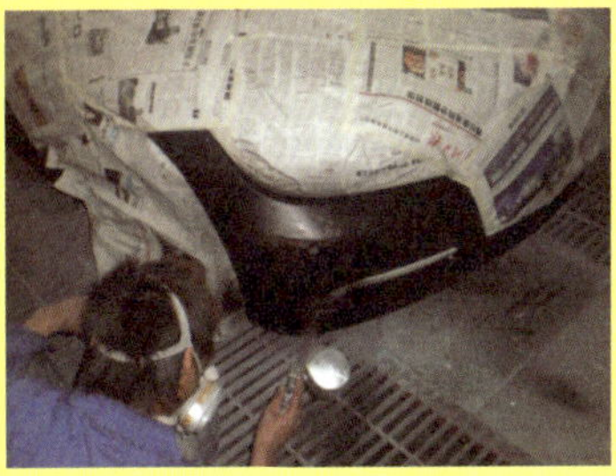
汽车美容项目——漆面修复

汽车美容项目——发动机外观清洗

二 汽车美容的前世、今生与来世

随着汽车工业的发展，20 世纪 30 年代初，汽车美容养护在英、美等发达国家开始起步。第二次世界大战后，经济的复苏推动了汽车美容养护业的日益壮大。70 年代的世界石油危机过后，这一行业得到迅猛发展，市场范围进一步扩大到中等发达国家。80 年代，美国汽车维修市场开始萎缩，修理厂锐减 31.5 万家，而专业汽车美容养护中心却出现了爆炸性的增长，以每年近 3 万家的速度递增。根据欧美国家的统计，在一个完全成熟的国际化汽车市场中，汽车的制造以及销售利润在整个汽车业的利润构成中仅约占 20%，零部件的供应利润约占 20%，而约 50% ～ 60% 的利润则全部是从汽车后市场服务业中产生的。目前，美国汽车美容养护店的比例占汽车维修行业的 80%。1994 年，美国汽车美容养护行业的产值为 1170 亿美元，1999 年高达 2647 亿美元，年均增长 18%。2002 年，全球汽车美容养护业产值约 1 万亿美元，其中美国占 3500 亿美元以上。美国汽车服务业的营业额已经超过了汽车整车的销售额。

我国的汽车美容业起步相对较晚，到 20 世纪 90 年代初才出现，当时的汽车美容也只不过是洗洗刷刷、涂涂抹抹而已，服务项目、内容、工艺、质量及标准等都很不规范。进入 90 年代中期，伴随着我国经济的崛起，我国的汽车工业得以快速发展，特别是私家车的保有量不断增长，同时，由于汽车文化的日益深入，汽车维修业及相配套的服务性行业也迅速发展，汽车美容业就是其中较为热门的行业。目前，汽车美容在我国已被越来越多的人所接受，并成为了一种时尚。人们更加呵护自己的汽车，“七分修三分养”的维修理念已经被人们逐渐抛弃，“七分养三分修”的养护理念已经被落实到了一种实实在在的消费行为上。与此同时，国外一些知名的汽车美容公司纷纷登场，在全国范围内办起了连锁店，各种品牌的汽车美容用品店也像雨后春笋般地出现，并造就了一支汽车美容大军，从业人数逐年增加，汽车美容业呈现出一片繁荣景象。2009 年的一份调查显示，全国汽车服务行业（只包含美容、养护、装饰及其他非维修类服务）的产值近 400 亿元。

然而，和其他汽车消费发达国家相比，中国汽车服务行业的介入程度还不到50%。有关数据显示，平均每辆汽车每年的装潢美容费用至少为1550元，但目前国内专营和兼营汽车美容服务的在册企业尚不到1万家。因此，汽车美容业作为一种新兴产业正在崛起，而且必将成为21世纪的黄金产业和朝阳产业。

第二节　汽车美容的依据与原则

一　汽车美容有什么依据

汽车美容应根据车型、车况、使用环境及使用条件等因素，有针对性地、合理地安排美容作业的时机与项目。

类别	要点
因车型而异	由于实施汽车美容的项目、内容及使用的用品不同，其价位也不一样。对汽车进行美容不仅要考虑到效果，还要考虑费用问题。因此，对不同档次的汽车所采取的美容作业及使用的美容用品应有所不同。对于高档轿车应主要考虑美容效果，而对于一般汽车只需进行常规的美容作业就可以了
因车况而异	在进行汽车美容时，应根据汽车漆膜及其他物面状况有针对性地进行美容作业。车主或驾驶人应经常对汽车表面进行检查，如发现异变现象要及时处理。若车漆表面出现划痕，尤其是较深的划痕，如果因处理不及时而导致了金属锈蚀，就会大大增加处理的难度
因环境而异	如果汽车行驶的地域和道路不同，那么对汽车进行美容作业的时机和项目也就不同。如汽车经常在污染较重的工业区使用，就应缩短汽车的清洗周期，经常检查漆面有无污染和色素沉积，并采取积极的预防措施。如汽车在沿海地区使用，由于当地空气潮湿且含盐分较多，一旦漆面出现划痕应立即采取治理措施，否则极易造成内部金属锈蚀。如汽车在西北地区使用，由于当地风沙较大，漆面易失去光泽，所以应缩短抛光、打蜡的周期
因季节而异	季节、气温和气候的变化对汽车表面及内室部件具有不同的影响。如汽车在夏季使用时，由于高温，漆膜易老化；在冬季使用时，由于严寒，漆膜易冻裂。因此，在冬夏季节，应进行必要的预防护理作业。另外，在冬夏两季，车内经常使用空调且车窗紧闭，车内易出现异味，应定期进行杀菌和除臭作业

二　汽车美容有哪些原则

类别	要点
预防与治理相结合的原则	汽车美容要以预防为主，即在汽车漆膜及其他物面出现损伤之前进行必要的维护作业，预防损伤的发生。一旦出现损伤应及时进行治理，恢复原来的状态。因此，汽车美容应坚持预防与治理相结合的原则

类别	要点
车主护理与专业护理相结合的原则	汽车美容很多属于经常性的维护作业，如除尘、清洗、擦车、检查等，几乎天天要进行。对这些简单的护理作业，只要车主或驾驶人掌握了一定的汽车美容知识，完全可以自己完成。但定期到专业汽车美容场所进行美容也是必不可少的，因为还有很多美容项目是车主和驾驶人无法完成的，尤其是汽车漆面或内室物面出现某些问题时，必须进行专业护理。为此，车主或驾驶人护理一定要与专业护理相结合，这样才能将车保护得更好  汽车除尘
单项护理与全套护理相结合的原则	汽车美容作业的项目和内容很多，在作业中应根据汽车状况有针对性地选择，进行某些单项护理就能解决问题的就不必进行全套护理，这样不仅是为了节省费用，同时对汽车本身也是有利的。例如，汽车漆膜的厚度是一定的，如果每次美容都进行全套护理，即每次都要研磨、抛光，则漆膜厚度很快就会变薄，当磨透车漆时，就必须进行重新喷漆，这就得不偿失了。当然，在需要时对汽车进行全面护理也是必要的，关键是要根据不同情况具体对待 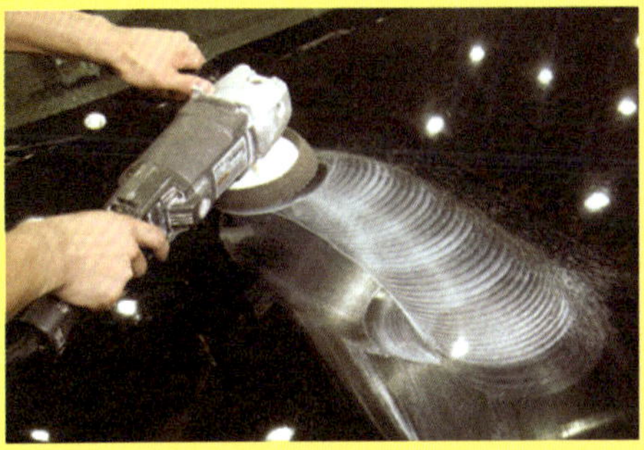 车漆研磨  车漆抛光
局部护理与全车护理相结合的原则	当汽车漆膜局部出现损伤时，只要对局部进行处理即可，只有在全车漆膜绝大部分出现损伤时，才能进行全车漆膜处理。在实际工作中，应根据需要决定护理的面积，只需局部护理的，不要扩大到整块板；只需整块板护理的，不要扩大到全车

第三节　你知道汽车美容有多少服务项目吗

一　这些类型的汽车美容你了解吗

根据汽车的实际美容程度，目前一般将汽车美容分为一般美容、汽车修复美容和专业汽车美容三种类型。

类别	简介
一般美容	一般美容就是人们传统意义上所说的汽车美容——洗车、打蜡。这种方法就是平常见的路边拎着水桶、挥舞毛巾进行擦车、打蜡的作业，经常采用洗衣粉、洗洁精等非专业产品。此类产品的 pH 值一般在 10.3 ～ 10.9 之间，但汽车漆面耐酸、碱的承受力为 pH 值在 8.0 以下。一般美容的结果是往往清洗不彻底，还会把漆膜划伤、出现细微的划痕；水洗后若擦拭不彻底，在有的部位留有水渍，会影响车身表面光泽；在车身的门缝、窗边等凹槽处，如无法擦干，阳光照射后就会出现水汽，加重对漆膜和凹槽等处的腐蚀作用，使车身受损。所以，应避免采用这种原始、简单的方法对汽车进行“美容”
汽车修复美容	汽车修复美容是指车身漆面或内室件表面出现某种缺陷后所进行的恢复性美容作业，其所针对的缺陷主要有漆膜病态、漆面划痕、斑点及内室件表面破损等，根据缺陷的范围和程度不同分别进行表面处理、局部修补、整车翻修及内室件修补、更换等美容作业 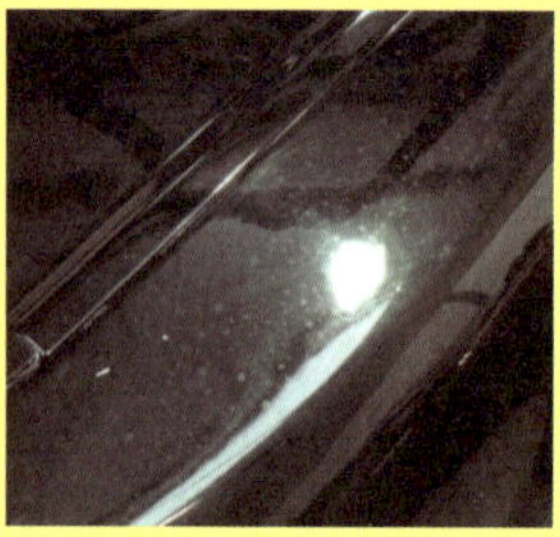 车漆水痕  车漆龟裂  车身沾到油漆  遭动物排遗物、虫尸、树汁侵蚀的车漆 汽车修复美容必须在比较正规的汽车美容中心进行，它需要必要的设备和工具，且必须具备一定的修复美容工艺技术才能满足修复美容的基本要求。这种美容主要针对车身的漆膜部分，对其他很多部位尚未考虑
专业汽车美容	1. 专业汽车美容不仅仅是指汽车清洁和打蜡，更主要的是根据汽车的实际需要进行维护，包括对汽车护理用品的正确选择与使用、对汽车漆膜的护理（例如对各类漆膜缺陷的处理、划痕的修复美容等）、汽车装饰、精品选装等内容，是一个非常复杂的系统工程 专业美容之所以专业就在于它自身的系统性、规范性和专业性；着眼于汽车的自身特点，由表及里地进行全面而细致的保养；每一道工序都有标准和规范的技术要求；严格按照工序要求，采用专业的产品、专业的手段、专业的工具等进行操作

类别	简介
专业汽车美容	2. 专业汽车美容应达到的效果 （1）车身漆膜应达到艳丽的新车效果，并能长久保持；应具有防静电、防酸雨、防紫外线等功能 （2）发动机系统经过免拆卸清洗后，应能提高整个系统的性能，并能延长自身的使用寿命。发动机的清洗翻新应使发动机表面形成光亮的保护膜并能长久保持 （3）风窗玻璃的修复抛光应使开裂黯淡的玻璃变得清晰、明亮、完好 （4）内室、行李箱内经美容处理后，应更显洁净、光鲜 （5）轮毂、轮胎经美容护理后，应光泽亮丽且使用寿命更长 （6）裸露部分的金属经除锈、防锈处理后，应具有金属光泽，且能使其使用寿命更长
	3. 一个汽车美容企业要想进入专业汽车美容行业，必须达到如下专业汽车美容的基本条件 （1）具备美容操作工作室，且工作室应与外界隔离。其内设有漆膜维修处理工作室、干燥室、清洗室、美容护理室，且最好互不干扰，但又有一定的联系，露天环境是不能进行专业汽车美容的 （2）各工作室应有可供施工用的相应设备、工具及能源 （3）工作人员必须经过专业的技术培训并取得上岗证书 （4）汽车美容用品及材料必须是正规厂家生产的合格品，而且还应是配套使用的相关产品，以免造成质量事故 （5）必要的售后服务是对专业美容的补充，当出现一些质量问题时可进行补救处理，既可保证汽车美容企业良好的服务形象，也是对消费者权益的保护

二　汽车美容有哪些主要项目

专业汽车美容护理的特点是施工项目多、覆盖范围广，既有简单也有复杂，可随意组合，服务灵活多变，作业时间短、见效快。

类别		主要内容	
汽车内、外饰清洁护理	汽车外部清洁护理	汽车外部清洁护理包括车身的清洁护理与玻璃、电镀件、塑胶件、轮辋、轮胎、保险杠等的清洁护理以及“底盘封塑”等内容。其中，车身的清洁护理包括高压洗车、新车开蜡、沥青焦油等污垢的去除与打蜡或封釉护理	
		 新车开蜡	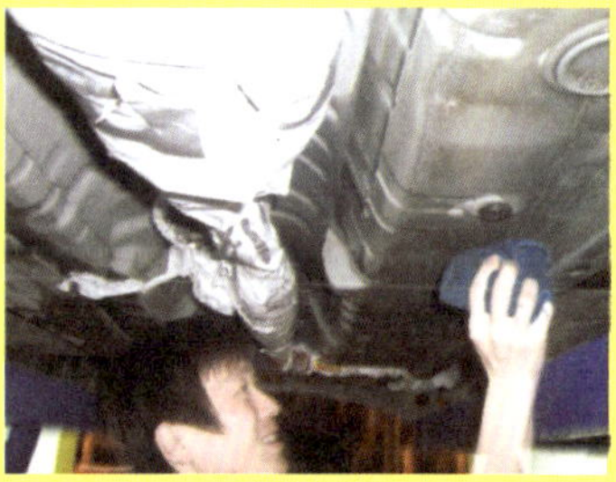 底盘封塑

类别			主要内容
汽车内、外饰清洁护理	汽车内饰清洁护理		汽车内饰清洁护理包括车室美容、发动机美容及行李箱清洁等项目。其中，车室美容包括仪表板、顶棚、地毯、脚垫、座椅、座套、车门内饰的吸尘清洁保护，以及蒸汽杀菌、冷暖风口除臭、室内空气净化等项目。发动机美容包括发动机冲洗清洁、喷上光保护剂、翻新处理等清洁、检查和维护项目
			 车室美容  发动机美容
车身漆面美容	护理性美容作业项目	研磨	去除漆膜表面的氧化层、轻微划痕等缺陷。漆面划痕修复时也会用到研磨、抛光等工序，以去除轻微划痕。所以本书将研磨列入漆面美容护理的范围。研磨后还要抛光、还原，这是三道连续的工序，研磨是漆面轻微缺陷修复的第一步，要求使用专用的研磨剂，用研磨机或抛光机作业  漆面研磨
		抛光	抛光是紧接着研磨的第二道工序，其目的是去除研磨留下的打磨痕迹，要求使用专用的抛光剂，用研磨机或抛光机作业 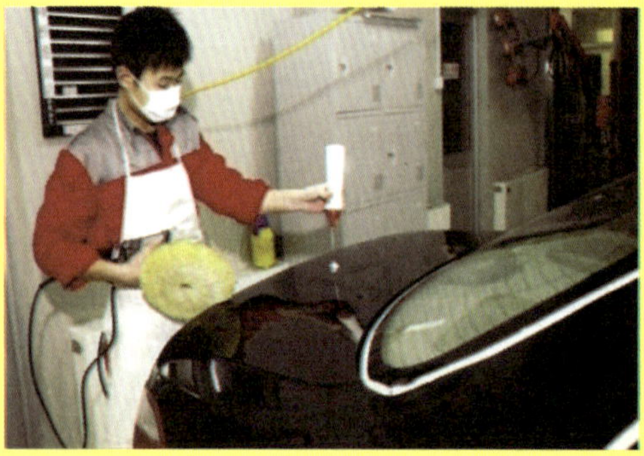 车漆抛光

类别			主要内容
车身漆面美容	护理性美容作业项目	还原	还原是紧接着抛光的第三道工序，其目的是通过还原剂将车漆的光泽还原回新车的状态。使用的美容产品有两种，一种是还原剂，另一种是增艳剂。增艳剂在还原剂的基础上还具有增艳作用。还原作业要求使用专用的还原剂或增艳剂，用研磨机或抛光机作业  还原剂 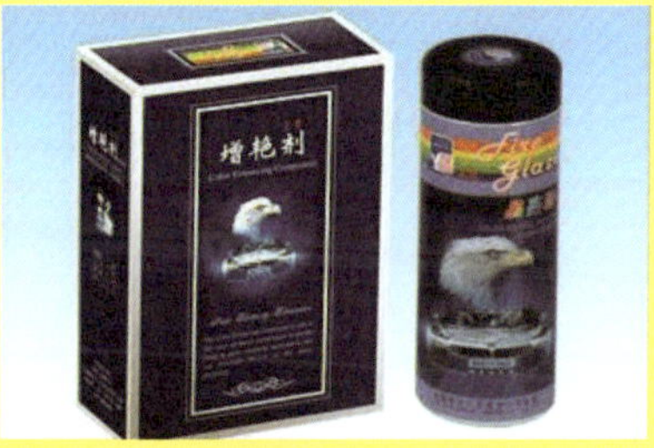 增艳剂
		打蜡	给车漆打蜡，不仅可以使蜡在车漆表面形成清晰度较高的保护膜，而且能够起到上光、防水、防紫外线、防静电等作用。打蜡可以手工完成，也可以用打蜡机作业。但蜡可溶于水，起不到长期保护漆面的作用  车漆打蜡
		封釉	釉质主要有抗氧化、耐酸碱、光亮持久、密封、抗划痕等作用。汽车封釉就是采用先进工艺与专用工具将高分子釉剂挤压进车漆的纹理中，使之在车漆内形成牢固的网状保护层，附着在车漆表面大大提高车漆的硬度，降低其表面粗糙度，并具有一年以上的保持功效。汽车封釉之后无须打蜡，而汽车打蜡之后也不能封釉，要想封釉必须用脱蜡洗车液将车清洗干净后才可进行  封釉
	漆面划痕处理		漆面划痕处理服务项目可分为漆面浅划痕处理和漆面深划痕处理。漆面浅划痕处理用研磨抛光的方法，漆面深划痕的处理可以用色漆修补笔或喷漆工艺来完成 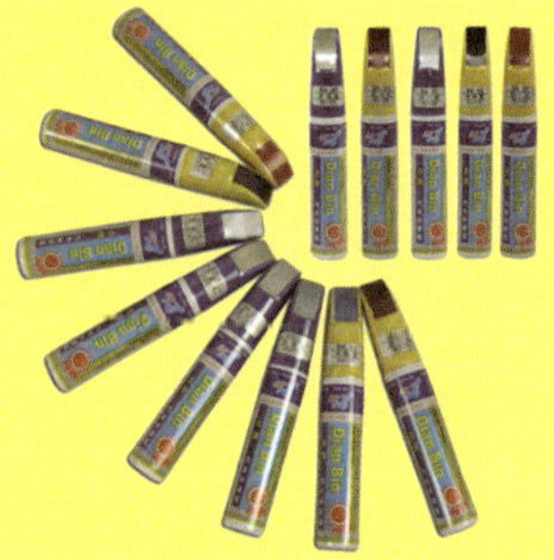 色漆修补笔

<table>
<tr><th colspan="2">类别</th><th colspan="2">主要内容</th></tr>
<tr><td>车身漆面美容</td><td>漆面划痕处理</td><td>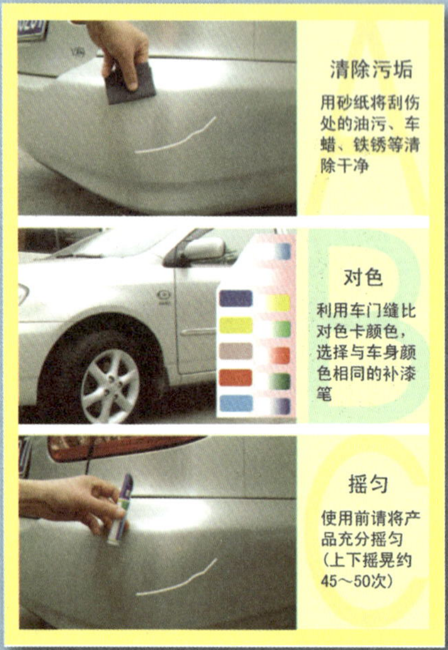
</td><td>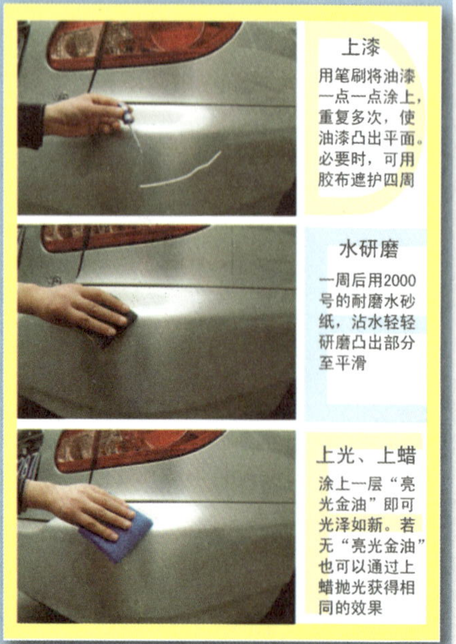
</td></tr>
<tr><td colspan="2">发动机的免拆清洗维护</td><td>发动机的免拆清洗维护美容服务项目包括发动机燃油供给系统、发动机冷却系统、发动机润滑系统、自动变速器的免拆清洗维护等</td><td>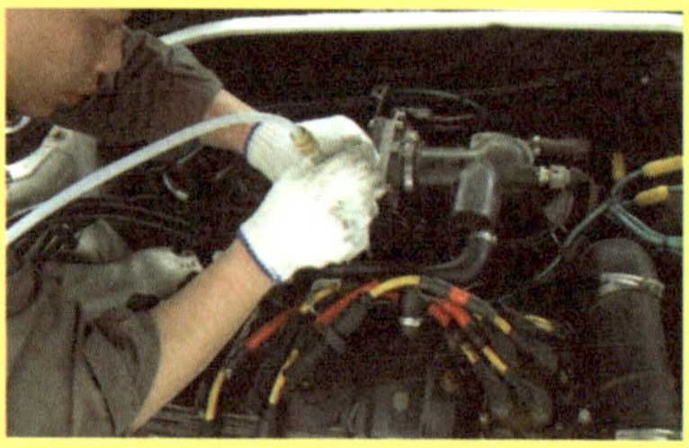
发动机免拆清洗维护</td></tr>
<tr><td colspan="2" rowspan="2">汽车其他美容项目</td><td colspan="2">本书统一将汽车其他美容项目归为汽车装饰，如防爆太阳膜的装贴、汽车天窗的加装、汽车氙气灯、车身表面保护膜的装贴、汽车音响、倒车雷达、汽车防盗装置的选装与汽车的隔音降噪等</td></tr>
<tr><td>
汽车贴膜</td><td>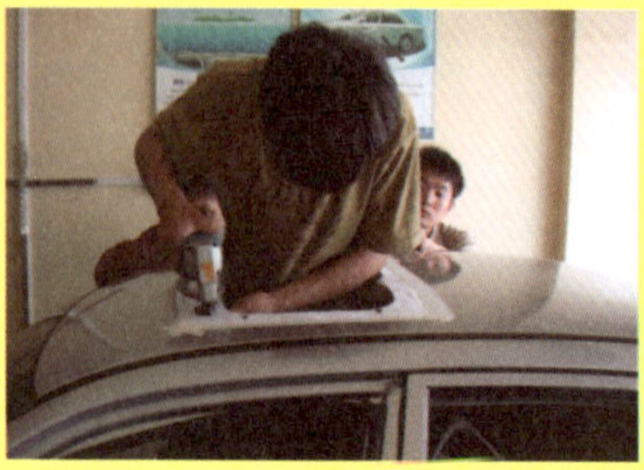
汽车天窗的加装</td></tr>
</table>

入门关键：

安全生产是安全与生产的统一，其宗旨是安全促进生产，生产必须安全。搞好安全工作、改善劳动条件，可以调动职工的生产积极性；减少职工伤亡，可以减少劳动力的损失；减少财产损失，可以增加企业效益，无疑会促进生产的发展；而生产必须安全，则是因为安全是生产的前提条件，不安全就无法生产。

第二章

安全第一——汽车美容安全防护知识和安全操作规程

第一节　汽车美容安全防护知识

一　安全生产的内容与意义

类别	基本内容
安全生产的基本概念	安全生产，是指在生产过程中的人身和设备安全。具体地说就是在符合安全要求的物质条件和工作秩序下进行劳动，避免出现伤亡事故、设备事故及各种灾害，保证工作人员的人身健康与施工安全，使企业的正常生产得到保障。安全生产就是要同时兼顾安全与生产，安全对生产有促进作用，而生产时则必须保证安全
安全生产管理的基本内容	安全生产管理是指企业所进行的计划、组织、协调、控制、监督和激励等管理活动，目的是保证安全生产得以实现，其实也就是为了实现安全生产而进行的工作 安全生产管理的内容包括安全生产管理机构、安全生产管理人员、安全生产责任制、安全生产管理规章制度、安全生产策划、安全生产培训、安全生产档案等
安全生产的意义	搞好安全生产工作可增强社会的安定，也可提供稳定政治环境以发展国家的经济建设，这些都具有现实的意义；对于劳动生产力的保护以及各部门、各行业劳动力资源的均衡发展也起到非常重要的作用，具有实在的经济意义，有利于社会财富的增加，减少经济损失；直接关系到生产员工的生命安全、身心健康以及家庭的幸福和谐
安全生产管理目标	（1）安全生产包括生产安全事故控制指标（事故负伤率及各类安全生产事故发生率）、安全生产隐患治理目标、安全生产、文明施工管理目标 （2）生产目标为减少和控制危害、减少和控制事故，尽量避免生产过程中由于事故造成的人身伤害、财产损失、环境污染以及其他损失 （3）生产管理包括安全生产的法制管理、行政管理、监督检查、工艺技术管理、设备设施管理、作业环境和条件管理等 （4）基本管理对象是企业的员工，涉及企业中的所有人员、设备设施、物料、环境、财务、信息等各个方面

二　汽车作业中的安全问题

类别	基本内容
防爆	油漆中所含的有机溶剂及某些填充料具有易燃的性质（燃烧点在20℃以下），极易燃烧。需要引起注意的是，当油漆中所含的溶剂挥发气体、喷涂时所形成的漆雾及空气中的粉尘三者与空气有一定程度的混合时，若有明火接触，极易出现火灾甚至引起爆炸。另外，溶剂的导电性很差，所以静电很有可能在容器出现振动时产生，在溶剂蒸气等可燃性气体环境中如因静电产生电火花，就会引起火灾。因此要防止静电的产生，不能穿会产生静电的衣物、鞋等进入作业区域

类别	基本内容
防爆	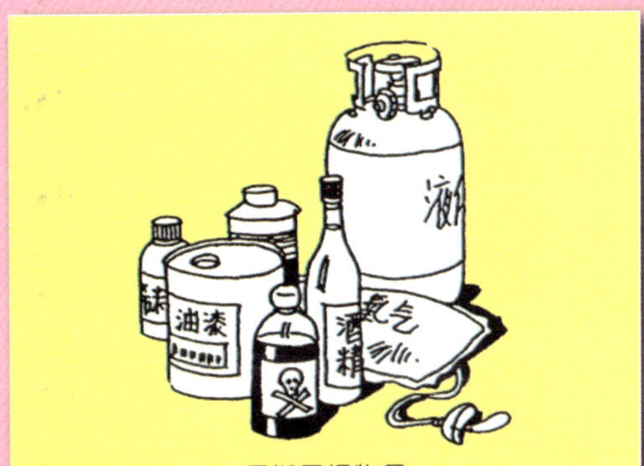 易燃易爆物品
防毒	1. 有机溶剂中毒（甲苯、二甲苯等） （1）在工作场所中使用高浓度溶剂出现的急性中毒 （2）长期吸入低浓度溶剂的挥发物而导致的慢性中毒 2. 溶剂通过三种途径侵入人体 （1）人体吸入时溶剂呈挥发蒸气状态 （2）人体吸入时溶剂呈喷雾状态 （3）人体通过裸露部位的皮肤吸入溶剂  防毒面罩 所以为防止吸入或接触有害物质，进入作业区域时要戴防毒面具及手套，并穿好防护服 3. 一些填充物料有可能对肺部有影响，比如原子灰等所产生的粉尘，所以作业时要避免吸入粉尘，应注意戴好防毒面具 4. 固化剂中的异氰酸盐成分造成的毒害 在通常情况下，固化剂中的异氰酸盐呈环状且具有很高的安全性，但其中有大约 0.5% 的分子没有结合成链，处于游离状态，游离态异氰酸盐（或是异氰酸盐单量体）极易被氧化，安全性很低，如果吸入就会出现一些生理反应，如咽喉刺激、咳嗽、流泪等
防火	（1）涂装车间的结构件要全部使用耐火材料制成 （2）使用易燃涂料的涂装车间要采取必要的消防措施，因其属于火灾危险区，布置时通常应在厂房的旁边。涂装工场、仓库等地应安装避雷装置 （3）所有的门应开在距离外出口处最近的地方，并且开门的方向要朝外，并且要保证通往太平门的通道时刻畅通 （4）涂装车间、调漆部和涂料库应配备消防灭火用具，如两个泡沫灭火器、0.3 ～ 0.5m^3 容积的沙箱，一套石棉衣和一把铁铲，以上消防工具应保证隔 30m 放置。应将熔喷水头和消防灭火栓设置在涂装车间的顶棚上 （5）为避免出现静电积聚和静电放电，要保证涂装车间的所有金属设备都可靠接地

类别	基本内容
防火	（6）涂装车间内严禁烟火，进入车间时切勿带打火机或火柴等火种。若需用明火安装和维修设备时，其相应的防火措施要做到位，应注意检查并保证安全 （7）应按照防火安全技术的要求来设计喷漆室、烘干室等涂装工作空间 （8）所有的工作人员都要进行安全技术教育培训，必须具有相关的职业素质且合格后才能上岗 （9）在车间的过道上不要放置工具和涂装用料 （10）喷涂车间的工作场地要明确禁止顾客和其他无关人员进入
防护措施之个人安全和健康防护措施	（1）当检查材料时（比如开罐或搅拌时），涂料很有可能溅入眼睛内，出于对眼睛的保护，应戴护目镜。若漆料不慎溅入眼睛，应立即去医院进行治疗。戴隐形眼镜时必须立刻将其取出，消除漆料，并就医 （2）为防止因误服异物中毒而出现危险，吃、喝或吸烟等行为要禁止在涂装工作现场进行 （3）要对裸露部位的皮肤加强保护，因为有很多种化学品均能对皮肤产生刺激，若接触时间较久或多次接触都可能会使皮肤出现皮炎。需要注意的是，有些溶剂可通过皮肤被人体吸入，因此在洗手时严禁使用溶剂或稀释剂。若皮肤上不慎溅到一些漆类，要立即将其擦去，如有必要，还可使用合适的清洁物质帮助去除，然后用肥皂和清水进行清洗。对裸露部分的皮肤进行保护时，可涂一种合适的隔绝油膏。此外，戴上合适的手套也可以有效地避免涂料或其他液体对手部产生有害影响  禁止饮食  呼吸保护器 （4）对肺部的保护也极为重要，若通风情况十分恶劣，会在空间中累积高浓度的溶剂挥发气体，此时要避免呼吸接触，否则长时间地暴露在其中，极有可能昏厥及失去知觉。一些物质会危害肺部的健康，比如打磨时产生的粉尘、腐蚀性溶液或溶剂的蒸气、喷涂时飘散的漆雾，所有这些都会对局部空气造成污染，长期从事此类工作的人员更应多加注意。即使工作场地的通风状况良好，也必须在车身修补涂装车间配置呼吸保护器 （5）车辆维修时要格外留意对头部的保护，若操作人员头发较长，进行维修工作之前，必须系好头发，避免粉尘和喷雾对头发产生影响。为保持头发的干净和健康，工作人员要戴上防护帽后再进入工作现场 （6）进行作业时，要注意对躯体的保护。衣服宽松、不系袖子上的纽扣、领带和首饰飘来飘去以及没有系好上衣，这些都属于很危险的行为。为保证对身体有全面的保护，进行作业时必须换上车间专用工作服或连裤式工作服。裤子的长度应能充分将脚面盖住，上衣必须是长袖

类别	基本内容
防护措施之个人安全和健康防护措施	（7）要穿上带金属衬和防滑底的工作鞋对脚部进行保护。若不慎有物体落下时，金属衬可保护脚趾不会被砸伤；而防滑底则可以增大摩擦力，使施工人员不易摔倒。另外，如果施工人员需要长时间站着进行打磨的话，一双好的工作鞋能使其有良好、舒适的站姿。上岗时严禁穿拖鞋、运动鞋或时装鞋，因为这些鞋在车身修补涂装车间都不能提供有效的保护，很可能会对脚部造成伤害  正规工作服

第二节　汽车美容施工安全操作规程

一　清洗、护理作业安全操作规程

有很多汽车装饰美容使用的材料都具有易燃和有毒的性质，这些材料不仅会对人体的健康产生危害，还会对施工安全造成威胁。所以，施工作业人员要加强安全保护意识，防止出现中毒、火灾、爆炸等事故。

护理中所使用的大多数清洗剂都会有一些毒性，也会对物体产生腐蚀，施工现场有水、电、汽等，或多或少都存在一些危险。为了保证施工的安全以及人体的健康和设备的完好，施工人员必须严格遵守以下几点：

序号	规定
1	施工人员必须从思想上对施工的安全工作予以重视，要具备高度的责任感和认真的工作态度。在作业中要牢记安全的重要性，要严格按操作规程进行操作，防止出现意外安全事故
2	施工人员必须对施工现场及周围环境有足够的了解，清楚明确水、电、汽开关及救护器材所处的位置，以保证在出现意外时能反应及时
3	施工人员必须清楚了解并熟悉施工安全技术和如何使用清洗剂及相应的急救措施
4	应注意用电安全。为避免出现漏电，地线必须搭铁。使用电器时，切勿用湿手和湿物接触其开关，以避免人体触电。完成施工后，要立即关闭电源
5	若现场施工人员与酸、碱液有直接接触时，应将工作服和胶靴穿上，双手要戴上防腐蚀手套，若有必要应戴防毒口罩
6	护理作业现场必须干净整洁、井然有序，严禁烟火，以免出现火灾

序号	规定
7	护理作业现场应有消防设备、管路，且要保证安装的水源和电源充足，以保证出现意外时能够采取有效的措施来应对
8	护理设备在使用前要进行试运转；使用后应用清水冲净，并按照相关要求维护和妥善保管；发生故障时应及时检查并排除
9	对施工中产生的清洗废液严禁随地排放，排放时应符合相关要求
10	要安排专人负责施工的安全工作，并定期进行检查，对安全施工的经验要不断总结，以确保施工安全可靠

二 修补涂装作业安全操作规程

现在的汽车修补涂装作业的主体主要是手工喷涂。在喷涂时会产生漆雾、挥发性气体、灰尘等，在作业时要避开它们带来的伤害。

序号	修补涂装作业时应注意的事项
1	喷涂作业的喷漆室一定要是专用的
2	为了消除溶剂挥发的气体和喷散的漆雾，喷漆室的供、排风应保证充足，并防止积累可燃性的干漆残留物或溶剂挥发气体
3	为防止呼吸区和工作区域以外的大气内进入任何挥发气体或漆雾，漆室的供、排风系统应进行特殊设计。
4	严禁在同一干式排风喷漆室中，既喷涂硝基漆又喷涂油质的合成树脂漆。硝基漆渣极易燃烧，而油质合成树脂漆渣具自燃发热性，所以很容易发生火灾。故若需同时喷涂两类漆，应使用水洗式排风系统
5	使用或接触漆料时，所有人应穿着连身工作服并戴手套
6	为防止出现意外，应使用木屑、砂或土快速将任何溅落、漏出的油脂、润滑油、漆料或其他物质除去
7	千万不能让油、漆等溅出物进入排水孔或下水道
8	作业人员使用异氰酸固化的聚氨酯涂料进行喷涂时，应戴供气面罩（全面或半面式，以提供经过滤适于呼吸的压缩空气）。这种涂料对呼吸系统有刺激性和特殊的伤害性，因其含有极少量的活性异氰酸且具有挥发性，可使呼吸器官有过敏反应。因此，含异氰酸产品的喷涂工作严禁有气喘病病史者进行
9	作业人员可戴有特种成分滤清器的弹性口罩或普通口罩来进行一般的修补涂料的喷涂。但要定期更换滤清器，同时也要定期用消毒液清洗面罩
10	喷涂作业要严格按操作规程进行，当喷漆室的供、排风出现异常或无排风时，严禁进行喷涂作业
11	要戴上保护目镜来搅拌涂料和用溶剂清洗喷涂工具，以避免涂料和溶剂喷、溅到眼睛中

三 设备安全操作规程

类别	操作规程
举升机安全操作规程	1）举升的车辆要在该举升机的额定举升重力之下
	2）举升过程中车下和车内不能有人
	3）未经允许时非使用人员切勿操作举升机
	4）当举升机长期停止使用或下班后，要切断控制盒电源

类别	操作规程
举升机安全操作规程	5）举升车辆时，应先在被托汽车的合适位置放置托臂，再分别转动四只橡胶托盘，使四只托盘与车身位置距离相等，然后再按上升按钮，当车与地面大约有 10cm 的距离时，应检查托盘位置，并摇晃一下车身，以查看其安全性，确保安全后，才能继续进行举升 6）上升后，其安全保险锁的手柄方向一定要朝上  汽车举升机
空气压缩机（以下简称“空压机”）安全使用操作规程	1）应在安全阀限定压力和规定排气量的条件下使用设备
	2）空压机使用现场的环境和通风情况必须良好，当空气中有过高的尘量或在有腐蚀性和易燃性气体时，应严禁使用
	3）空压机出现断油时严禁运行，使用者应经常查看机油的油位，且要定期对机油进行更换
	4）当每天的工作结束后，必须旋开储气罐放污阀将污水排出，在第二日空压机起动前再将放污阀合上
	5）空压机在运转的过程中，若遇到停电或临时停机，要重新起动时，开机前应先将储气罐中的压缩空气排放完
轮胎平衡机安全操作规程	1）要严格遵守使用要求进行操作，应小心挂放车轮，避免中心轴出现变形，保证机器正常工作，从而让使用寿命得以延长 2）应选择与轮胎中心孔相配的定位中心锥来进行平衡 3）为避免有松动现象出现，轮胎装夹必须牢固可靠，必须在盖上护罩后再起动 4）进行平衡时，应检查和输入所测轮胎的轮辋直径、轮辋宽度及测量头至轮胎内侧的距离 5）完成作业后应将电源关闭，并及时对现场进行清理，保持设备和环境的干净卫生  轮胎平衡机
制冷剂回收充注设备安全操作规程	1）未经特别认证的工作罐不能使用，不能把制冷剂收到非重注制冷剂罐中
	2）要仔细小心地移动设备，在有压条件下，所有软管都可能带有液态制冷剂。皮肤接触制冷剂就会引起冻伤，所以在拆下软管时须格外注意

类别	操作规程
制冷剂回收充注设备安全操作规程	3）由于操作板内有高压电，为防止产生电击的危险，一定要在切断电源后再维修设备
	4）尽量不要使用过长的电源线，为的就是减少出现火灾的危险。如需使用长导线，导线规格应不小于 14AWG。本设备在使用时，周围的环境中不能有溢出汽油、敞开汽油桶或其他可燃物，要在能保证机械通风处至少每小时换气 4 次的情况下使用本设备，或在高出地面 18 英寸（1in 约为 2.54cm）处放置设备。只有在仔细检查并确认所有的安全装置都良好时，才能使用设备
	5）操作必须由专业人员来进行，操作者必须对空调系统有足够的了解，并清楚制冷剂和有压部件的危险性
	6）当温度超过 49℃时，两次回收工作应间隔 10min
	7）严禁混合使用不同的制冷剂
	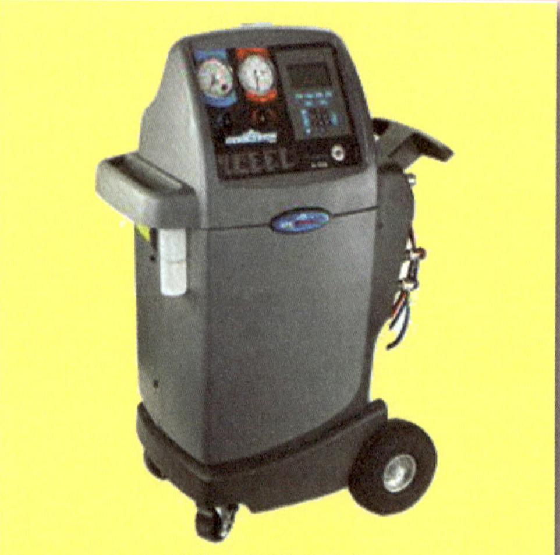 制冷剂回收充注机

入门关键：

如今汽车美容用品在社会流传得越来越广泛，许多人也开始追求高质量的汽车保养用品。面对那些五花八门的汽车美容用品，我们该如何选择呢？首先建议选购一些知名的品牌，要购买有厂家名称、地址、电话和质量认证的产品，例如“3C”“QS”认证以及进口产品的“TUV”认证等。另外，汽车用品的销售利润相对较高，所以市场上不乏假冒产品，其仿真度连专业人士也难以辨认。建议车主到大型商场或专卖店购买，并且要求商家提供销售凭据或售后服务凭证。还要货比三家，留意汽车杂志对同类产品的使用测评报告，并参考各大汽车网站汽车用品栏目对这些汽车用品的使用对比报告。

第三章

用对汽车美容用品护好车——教你如何选择汽车美容用品

第一节　你必须了解的汽车清洗系列用品

一　如何选用合适的清洗剂

普通清洗剂（洗衣粉、洗洁精）的危害：清洁剂目前在国内外都有着特别广泛的使用，是一种新型的汽车清洁用品。清洗车身表面时，切勿用洗衣粉、洗洁精等碱性较大的普通洗涤用品。长期使用这些洗涤用品，会使车漆干裂、表面暗淡，将造成无法挽回的损失。

汽车专用清洗剂的优点：专用的洗车香波能极大地降低介面间的张力，因其含有界面活性剂和功能性高分子材料，所以具有较强的渗透能力和增溶能力，能有效清除汽车表面的各类顽固污垢，且具有除锈功能，长期使用不会对车体表面造成损伤。进口汽车美容用品中有汽车清洗香波、清洗及上蜡香波，属于专业的汽车美容用品，其 pH 值均为 7.0。在清洗汽车各部位时，要根据材质选择相应的专业清洗剂。

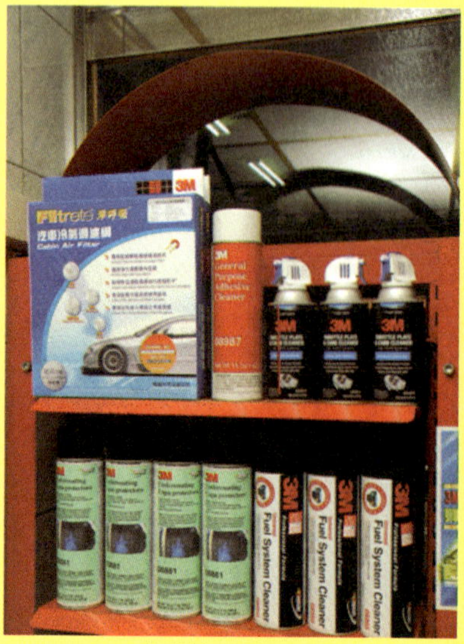

各类汽车清洗剂

二　清洗剂有哪些有效成分

类别	成分说明
表面洁性物质	表面洁性物质又称表面洁性剂或界面洁性剂，能显著降低液体表面张力。它可使液体污垢形成乳浊液、固体污垢形成悬浮液。软肥皂和合成清洗剂是汽车清洗剂中主要的表面洁性物质
“水玻璃”	“水玻璃”的化学名为硅酸钠，在清洗剂中，它的主要作用是维持溶液的 pH 值基本不变。在清洗过程中，碱盐一定会被酸性污垢耗用，而“水玻璃”维持溶液碱性的缓冲效果大约是其他碱盐的两倍，因此能够使清洗剂的消耗明显降低。在同时使用“水玻璃”和活性物质时，“水玻璃”较好的悬浮或稳定悬浮系统的能力是提高去污能力的重要因素
磷酸盐	磷酸盐有磷酸三钠、磷酸氢二钠和缩合磷酸钠等多种。其中，缩合磷酸盐在清洗剂配方中最为重要。磷酸三钠又叫正磷酸钠，在室温时，它的 1% 溶液的 pH 值为 12，由于其具有很强的碱性，所以在清洗剂中的用量要适量。它能在配方中使清洗剂溶液的润湿能力增加，有一定的乳化能力，但软化水质才是其主要作用

三 清洗剂的除垢过程是怎样的

序号	过程	说明
1	润湿	清洗剂接触汽车表面的污垢质点后，由于清洗剂溶液对污垢质点的润湿力很强，因此清洗物的表面很容易被清洗溶液润湿，并促使两者充分接触。污垢质点的表面、污垢聚集体的细小空隙中都能被深入润湿，从而使污垢和被清洗表面的结合力减弱、松动
2	吸附	清洗剂中电解质形成的无机离子与污垢质点结合后，能使对污垢质点的静电吸引力发生改变，还可防止污垢再沉积。在进行汽车外表面的清洗时，既有化学吸附（类似化学键的力互相吸引），又有物理吸附（分子间互相吸引）
3	溶解	在清洗溶液中溶解污垢
4	悬浮	清洗剂中的表面活性物质在污垢质点表面形成定向排列的分子层，使其去污的作用进一步加强。清洗剂的分子内有两个部分，一个由长的碳氢链组成，它能溶解于油中而不溶于水中；另一个是水溶性基因，它使整个分子在水中能够产生表面活性作用，又称极性分子。憎水基（亲油基）是分子中油溶性的部分，而水溶性的部分是亲水基（憎油基）。表面活性物质分子在接触污垢质点后，其憎水的一端会与污垢质点结合，而亲水的一端则会与水结合，吸附在污垢质点周围定向排列的分子会使污垢质点和周围的水溶液紧紧地结合在一起，憎水性物质会与亲水性物质相整合，使其表面污垢脱落，然后在清洗剂中悬浮
5	去污	使用高压水枪冲掉污垢

不断循环使用以上操作方法或综合其作用，可清除掉汽车表面的污垢。

四 清洗剂在洗车过程中扮演什么角色

序号	类别	说明
1	快速高效	清洗剂具有很强的去污力，对提高清洗速度有很大帮助，在清洗的同时还可当做护理剂，减少美容的工序，大大提高作业效率
2	环保	在清洗汽车时采用环保清洗剂，可降低对环境的污染。还可使汽车的清洗质量得以保证
3	保质	清洗剂不仅可使各种污垢被彻底清除，而且不伤漆面，可起到保护车身的作用
4	经济	用清洗剂清洗油垢，可降低溶剂油的消耗，如 1kg 清洁剂大约可代替 30kg 溶剂油，从而降低 90% 的清洗费用

五 你知道清洗剂有很多种吗

常用清洗剂的分类方法有所不同。若按其化学组成可分为无机化学清洗剂和有机化学清洗剂。不同的清洗剂对不同的污垢有不同的作用，或对同一种污垢具有两种或两种以上的作用，其归类应按通常情况下的主要作用来划分。

类别	分类说明
水和非水溶剂	污垢的溶剂是指能把污垢以溶解或分散的形式剥离下来，且没有稳定的和化学组成确定的新物质生成的物质。它包括水和非水溶剂 （1）水是自然界中最重要的溶剂。在工业清洗中，水是多数化学清洗剂及许多污垢的溶剂。当仅用水就可去除污垢时，就可不用非水溶剂及各种添加剂。 （2）非水溶剂包括烃与卤代烃、醇、醚等及其混合物，它的主要作用是溶解有机污垢
表面活性剂	表面活性剂的分子结构具有两亲性，其分子中同时具有亲水的极性基团与亲油的非极性基团，当少量加入时，能大幅度降低溶剂（一般是水）的表面张力以及液界面张力，且有润滑、分散和洗涤等作用 按极性基团的解离性质分类： （1）阴离子表面活性剂：硬脂酸、十二烷基苯磺酸钠 （2）阳离子表面活性剂：季铵化物 （3）两性离子表面活性剂：卵磷脂、氨基酸型， （4）非离子表面活性剂：脂肪酸甘油酯、聚山梨酯（吐温） 在日常生活及工业生产的清洗中，表面活性剂有着广泛的应用
酸碱清洗剂	借助于和污垢发生酸碱反应（有时也伴有氧化一还原等反应），使污垢转变为可溶解或分散于清洗液中的清洗剂，多为无机酸、碱及水解后呈酸性或碱性的盐 酸、碱的水溶液加必要的助剂构成了多数的酸一碱清洗剂。另一类在高温时，以熔融状态与污垢发生作用，把原本在清洗介质中不溶解或难溶解的污垢转化为易溶解的化合物，这类酸或碱就是熔融剂。对于用溶剂或溶液难以清除的污垢，若用此类清洗剂清洗，会有良好的效果
氧化还原剂	主要借助与污垢发生氧化还原反应来清除污垢的制剂，就是清洗用氧化剂或还原剂，包括熔融剂 清除具有还原性的污垢可用氧化剂，如许多的有机污垢。清除有氧化性的污垢，如锈垢，可用还原剂
金属离子螯合剂	借助与污垢中的金属离子发生配合反应，使污垢更易溶于清洗剂的螯合物。它常应用在清洗锈垢及无机盐垢时
吸附剂	利用化学吸附或物理吸附而清除污垢的制剂，是吸附剂。清洗时应选择对污垢有很强亲和力的吸附剂
杀菌灭藻与污泥剥离剂	指能杀灭被清洗表面的菌藻、剥离微生物污泥的制剂。它分为无机类和有机类，无机类一般是强氧化剂
酶制剂	由动物、植物与微生物产生的、具有催化能力的蛋白质制剂，是酶制剂。在清洗污垢时，它与有机污垢发生相应的生化反应，加快污垢的分解与脱落。例如在清洗液中加入蛋白酶、脂肪酶、纤维素酶等，可加快相应污垢的清除

第二节 汽车漆面护理用品——汽车的“护肤品”

一 车蜡用品——汽车的“防晒霜”

<table>
<tr><th>类别</th><th>主要内容</th></tr>
<tr><td rowspan="2">车蜡的成分与定期打蜡的意义</td><td>1. 车蜡的主要成分
车蜡是传统的汽车漆面保养物，主要成分是天然蜡或合成蜡，它通过渗透漆面的缝隙使表面平整从而增加亮度
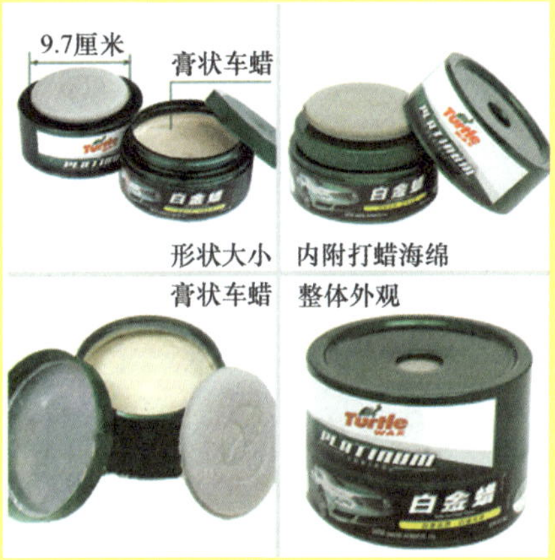

汽车蜡</td></tr>
<tr><td>2. 定期进行美容打蜡的必要性
传统汽车打蜡是以上光保护为主，随着汽车美容业的发展，汽车打蜡被赋予了新的内容。如果一辆车打了蜡，并且蜡层较厚，就能够达到较好的光亮效果。但车蜡属于油性物质，与漆面的结合力差，保护时间较短，这种蜡常常因下雨或冲洗等因素流失，有时甚至会附着在风挡玻璃上形成油垢，因此，汽车应该定期进行美容打蜡</td></tr>
<tr><td rowspan="4">车蜡的作用</td><td>车蜡涂在车漆表面，有保护漆面的作用，车蜡是漆面护理用品中非常重要的材料</td></tr>
<tr><td>1. 防水作用
汽车经常在空气中暴露，不可避免地会受到风吹雨淋，车蜡能使车身漆面上的水滴附着减少60%～90%，高档车蜡还可以使残留在漆面上的水滴进一步平展，呈扁平状，最大限度地减少因强烈阳光照射时的水滴聚焦作用造成的漆面暗斑，侵蚀和破坏漆面</td></tr>
<tr><td>2. 抗高温作用
车蜡的抗高温作用是对来自不同方向的入射光产生有效反射，防止入射光线穿透透明漆，导致底色漆老化变色，延长漆面的使用寿命</td></tr>
<tr><td>3. 防紫外线作用
车蜡防紫外线作用与抗高温作用是并行的，在日光中的紫外线比较容易折射进入漆面，防紫外线车蜡充分考虑了紫外线的特性，最大限度地降低了对车表的侵害</td></tr>
</table>

类别	主要内容
车蜡的作用	4. 防静电作用 汽车静电的产生主要有两个途径：一是化纤、丝毛织物，如地毯、座椅、衣物等摩擦而产生静电；二是在汽车在行驶过程中，空气中的尘埃与车身漆面相互摩擦而产生静电。无论是哪种静电，都会影响驾乘人员，甚至会造成伤害。车蜡防静电主要是隔断空气及尘埃与车身漆面的摩擦。通过打蜡，既能有效防止车表静电的产生，还可很大程度地使带电尘埃对车表的附着力降低 5. 上光作用 上光是车蜡的最基本作用之一。车辆经过打蜡，其光洁程度都能有不同程度地提高，使车身恢复亮丽本色  汽车打蜡前后对比 6. 研磨抛光作用 当车身漆面有浅划痕时，可使用研磨抛光蜡；若划痕不是很严重，可一次就完成抛光和打蜡作业 车蜡除有上述作用以外，还有防酸雨和盐雾等作用，选用时可根据需要灵活掌握

二 防雾剂——让驾驶视野更明亮

类别	主要内容
防雾剂的作用	有清洁、防雾和清澈的作用，对漆面及刮水器无害，无环境污染 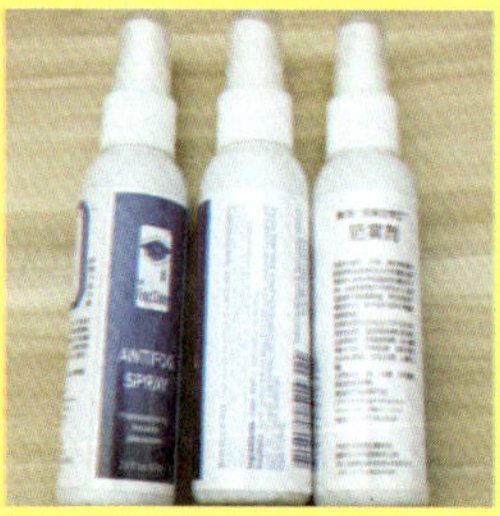 防雾剂

类别	主要内容
使用方法	使用时打开易拉罐，将防雾剂倒入喷雾罐内，然后喷在风窗玻璃上。 它适用于汽车内、外的风窗玻璃  防雾剂使用前后对比
注意事项	**汽车漆面美容护理用品多是易燃易爆品或有毒品，使用或保管时要注意防火**

三 清洁香波——汽车的“洗面奶”

类别	主要内容
清洁香波的作用	清洁香波的 pH 值为 7，呈中性。对漆面不腐蚀、不脱蜡，且有柠檬芳香，能清洗车身漆面、除油污和去静电  洗车清洁香波
使用方法	使用时，先用适量的净水进行稀释，然后涂抹于车身漆面进行清洗，最后再用干布擦净即可  涂抹于车身漆面的清洁香波
适用范围	清洁香波适用于各种车型的车身漆面

四 防冻液——冬天开车不用愁

类别	主要内容
防冻液的作用	冬季气温低，当汽车在低温下仍使用时，发动机冷却液中就会加入一些能够降低水的冰点的物质作为防冻剂，保证在低温时冷却系统不冻结。防冻液的全称为防冻冷却液，也就是有防冻功能的冷却液  防冻液
防冻液质量好坏的评价	评价防冻液的质量好坏主要有以下两点：**一是防冻效果**，一般普通型的防冻液都可承受 -40℃，而优质的防冻液应能承受 -60℃左右，这是判定防冻液质量的一个重要指标；**另一个是防冻液的沸点**，防冻液的沸点至少应达到 108℃以上，其沸点温度应随其冰点温度的降低而升高，之间的温差越大，防冻液的品质就越好
防冻液的使用	**不同品牌的防冻液所使用的金属缓蚀剂也不相同，因此不同品牌的防冻液不能混用。使用了防冻液的车辆，切勿直接补充自来水，应该加入蒸馏水或去离子水，若实在没有条件，加冷开水也比加自来水要好**。如果防冻液因泄漏而损失，应补充同品牌的防冻液。防冻液应四季使用，夏天使用自来水的方法是不科学的，也是得不偿失的。如果车主在夏天用自来水替代过防冻液，那么到冬天时应该对汽车散热器做一个完整的清洗，然后再加入防冻液。有的防冻液存放一年后，会出现少量絮状沉淀，这种现象多半是添加剂析出造成的，不必扔掉。如果出现大量的颗粒沉淀，就表明该防冻液已经变质，不能再使用了  加注防冻液

五 汽车玻璃水——风窗灰尘一扫光

类别	主要内容
玻璃水的作用	汽车风窗玻璃清洗剂俗称玻璃水（即车窗净），主要由水、酒精、乙二醇、缓蚀剂及多种表面活性剂组成，在清洗汽车玻璃时使用，可起到清洗、防冻、防雾、抗静电、润滑、防腐蚀等作用  玻璃水
玻璃水的使用	使用时先起动汽车，打开除霜器，在有冰或有霜的地方喷上风窗玻璃水，十几分钟后，用风窗刮水器清除  添加玻璃水

第三节 汽车的专用品——汽车专业保护系列用品

汽车专业保护系列有增亮、抗磨、抗老化的作用，主要用于皮革、塑料、橡胶、化纤等材料的表面，对仪表板、保险杠、汽车座椅、轮胎等有较好的保护作用。

一 你知道汽车专业保护剂有几大类吗

类别		主要内容	
抛光剂（在汽车抛光中，用于打磨掉油漆表层污垢细颗粒的为抛光剂，打磨的专业名称为“深切”）。	强力抛光剂	本品比研磨剂的颗粒更细，且是新型研磨材料，能把漆面上较厚的氧化层、划痕及喷涂时的缺陷清除掉。不含硅和蜡，能安全用于喷涂车间。在使用时要用抛光机在车身表面涂抹均匀	 强力抛光剂

类别		主要内容	
抛光剂（在汽车抛光中，用于打磨掉油漆表层污垢细颗粒的为抛光剂，打磨的专业名称为“深切”）。抛光剂（在汽车抛光中，用于打磨掉油漆表层污垢细颗粒的为抛光剂，打磨的专业名称为“深切”）。	漆面还原抛光剂	本品比强力抛光剂的研磨颗粒更细一些，能清除漆面的中度氧化层和轻度划痕。不含硅和蜡，能较安全地用于狭小的场地作业，在美容店作汽车漆面翻新时有所应用。本品所含油分可渗入漆内补充油漆失去的油分，有增亮护理的作用。在使用时可配合抛光机在汽车漆面上进行涂抹	 漆面还原抛光剂
	快速抛光剂	本品因有增艳效果，所以又称增艳剂。它比中度抛光剂的研磨颗粒更细一些，能同时去除轻微氧化层和进行上蜡护理。在使用时，可以手工方式在汽车漆面上均匀涂抹	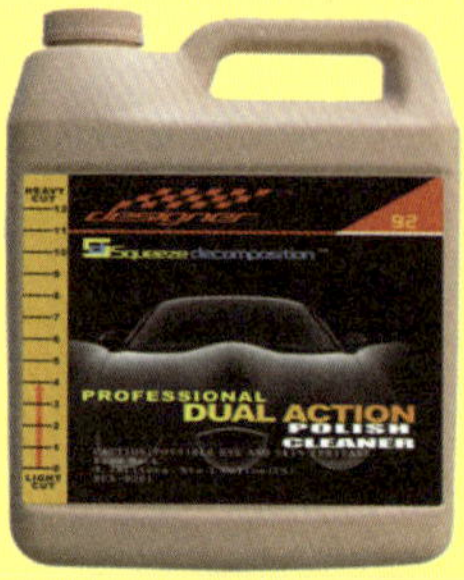 快速抛光剂
	玻璃抛光剂	能清除掉玻璃表面的柏油、油脂、昆虫尸体、污垢和黯淡的氧化层等不易清洗的污垢。通常在风窗玻璃、后视镜等部位有所应用	 玻璃抛光剂
	多功能抛光剂	能除掉金属电镀表面和玻璃等硬质表面的氧化层，还原其原有光泽，并形成一层亮度极高的保护膜。在各类金属电镀表面、玻璃等硬质表面及汽车漆面上有所应用	 多功能抛光剂

类别		主要内容	
保护剂（对汽车的内外装饰具有上光、保护之功能的产品就是汽车保护剂）		保护剂系列有较多的品类，通常用于保护皮革、化纤、地毯、塑料件、橡胶车裙、保险杠、门窗、排气管等。常见的保护剂有皮革上光保护剂、真皮上光保护剂、化纤保护剂、丝绒保护剂、地毯保护剂、轮胎上光剂、发动机上光剂、车裙保护剂等。这些保护剂能在制品表面形成保护层并能更新表面。在使用这些保护剂时，要注意其使用方法，不要混用	 汽车保护剂
防锈剂（是一种特别为工序间防锈而研制的透明合成型水溶性防锈剂，对钢和铸铁具有较好的防锈、冲洗作用，无论在硬水中还是在软水中，都能表现出良好的防护性能）	干性防锈剂	防锈剂能与锈发生氧化反应，并使所用部位不再生锈；能在物体表面长时间停留且能耐300℃的高温。在使用时，要先把锈迹、污垢和涂层清除掉，然后在金属表面上将本品涂抹均匀。本品具有易燃的性质，要按规定进行使用和储存。在使用时，因其含二氯甲烷，所以作业人员要防止吸入肺部或接触皮肤和眼睛	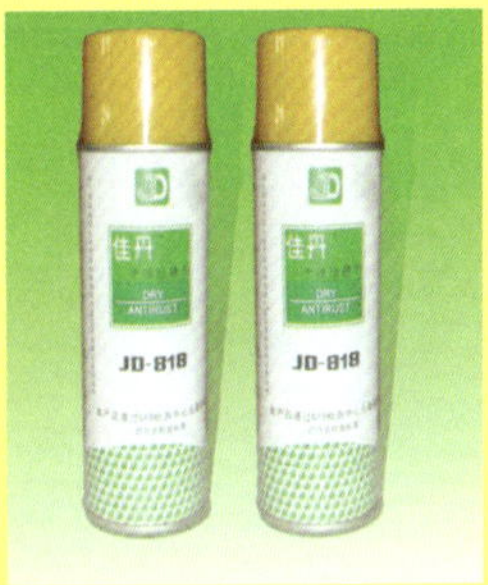 干性防锈剂
	透明保护防锈树脂	可防止金属品生锈、腐蚀，且能使外观保持不变。在汽车门槛、前照灯框等处有所应用。在使用前，先摇动罐子，直至均匀无沉淀后使用。喷涂时，可来回移动罐子，喷涂过程中若不慎溅到漆面上，可用汽油擦净	 透明保护防锈树脂
	二硫化铝防锈剂	严重的铁锈及污垢可用此产品清除。此产品在金属表面能形成保护膜，有除锈、防锈、润滑的作用，且能防止碾轧声。在使用时对准物体进行喷涂	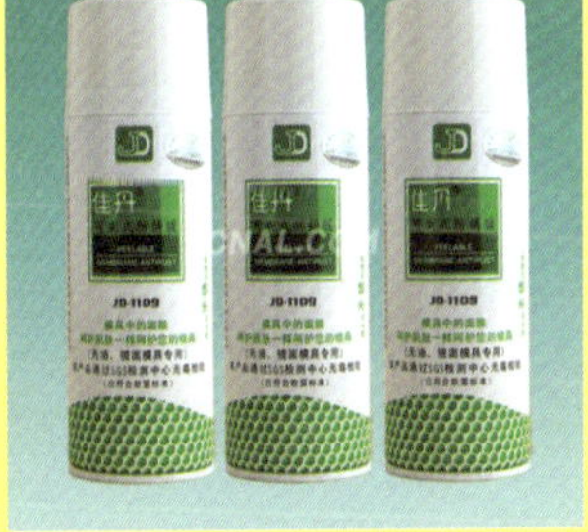 二硫化铝防锈剂

类别		主要内容	
防锈剂（是一种特别为工序间防锈而研制的透明合成型水溶性防锈剂，对钢和铸铁具有较好的防锈、冲洗作用，无论在硬水中还是在软水中，都能表现出良好的防护性能）	特级防锈剂	此产品可避免点火线圈漏电，可使其原本的特性快速恢复；可去除强烈的湿气，避免生锈；可使新污染无法在被涂表面生成。本剂在所有需防锈的金属产品上都可应用。因本剂易燃，所以在使用时要远离热源和火源	 特级防锈剂
添加剂（适量在汽车油品中加入添加剂，对清洁、防腐、抗磨及改善汽车性能等有很大的作用）	机油添加剂	因车辆运行环境、驾驶人的驾驶习惯等各不相同，成品机油中的添加剂难以有效地保护发动机，从而才有了发动机积炭、发动机缸内磨损等状况的出现，使发动机的性能下降。机油添加剂可提高发动机机油的清净分散性、抗氧抗腐性以及抗磨性等，降低油耗，延长发动机的使用寿命	 机油添加剂
	燃油添加剂	燃油添加剂加入车辆的燃油系统中，可去除发动机内的各种有害沉积物（如积炭和胶质），清洁整个燃料供给系统，包括供油管路、喷油器、进气和排气门以及活塞顶等部位，消除因沉积物引起的各种故障，减少摩擦损失，降低油耗，延长发动机的使用寿命	 燃油添加剂

类别		主要内容	
添加剂（适量在汽车油品中加入添加剂，对清洁、防腐、抗磨及改善汽车性能等有很大的作用）	传动系统添加剂	加入到变速器系统、制动系统以及离合器系统的油液中，可以减小动力噪声，清洁活塞、保护橡胶和塑料制品，避免油液渗漏、降低磨损并使操纵系统灵活、轻巧，延长油液的使用寿命	 传动系统添加剂
	空调系统添加剂	加入到空调系统中，使空调的能量消耗降低，减小摩擦、清新空气、延长压缩机油的使用寿命，并有润滑和清洁的作用	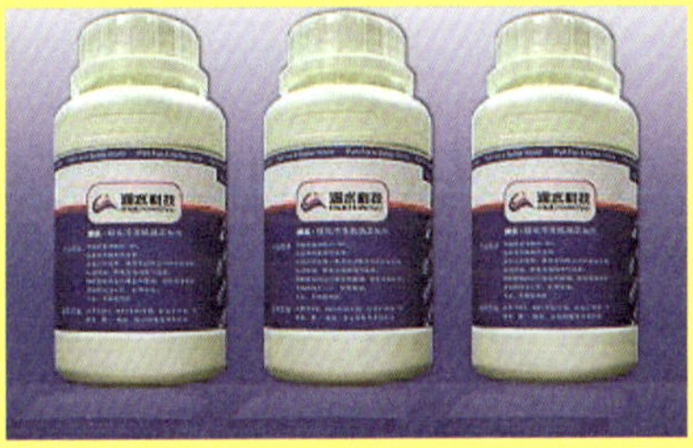 空调系统添加剂

二 汽车专业保护剂有哪些优点

类别	主要内容
使用方便	现在的汽车保护剂通常采用罐装喷雾式，在使用时只需在护理物表面喷涂保护剂，然后再擦干即可
耐磨性好	喷涂汽车专业保护剂后，在物体的表面会形成一层保护膜，使物体的耐磨性能加强
光泽好	汽车专业保护剂含增光剂，能使物体表面的光泽度有所提高
保护时间长	一次护理可维持 1～2 个月
防老化	汽车专业保护剂中抵抗紫外线照射的成分较多，能阻挡紫外线的照射，避免橡胶、塑料等材料的表面出现裂纹、褪色等现象

第四节 汽车常用外饰材料有哪些

汽车外部装饰材料中的绝大部分是由塑料、橡胶等材料制作而成的汽车零部件（油漆除外），如保险杠、防撞条、车体防护板等塑料部件，以及轮胎、密封条等橡胶部件。

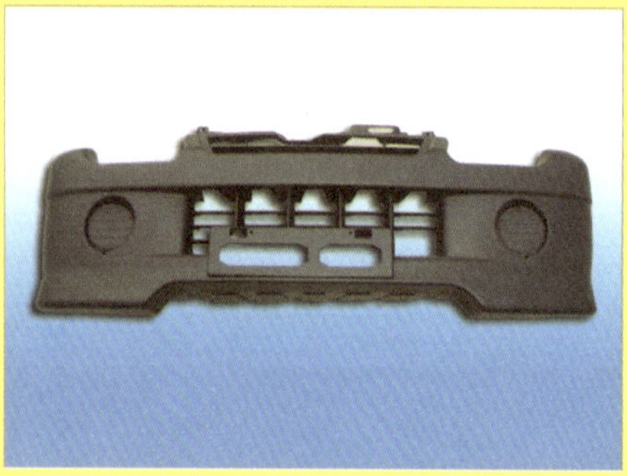
保险杠

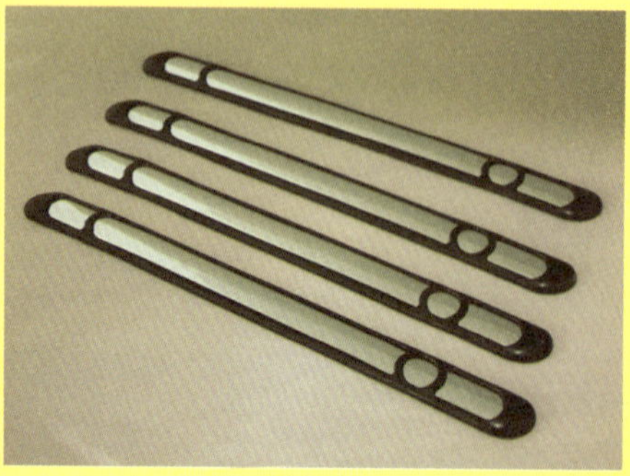
防撞条

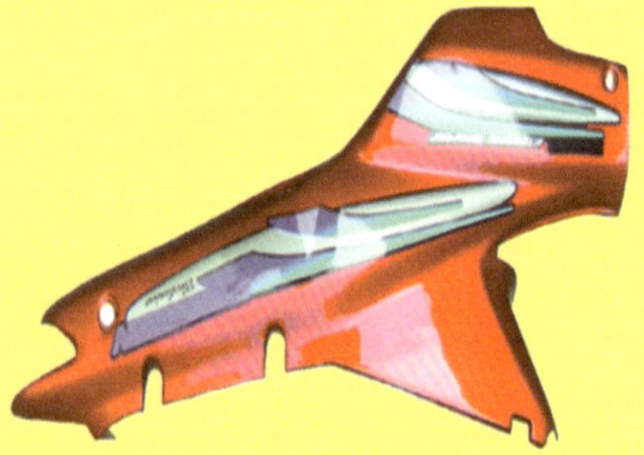
车体防护板

轮胎

汽车密封条

一 了解喷涂装饰用材料

经常使用高性能的涂料进行喷涂，可提高装饰效果。

类别	主要内容
珍珠汽车漆	珍珠汽车漆的镜面光泽极好，珠光细腻柔和，图层闪色效应根据视角而变化，有极佳的装饰效果。在美、日、欧等国的各大汽车公司中，珍珠漆涂装几乎在所有高级豪华轿车中都有所应用  珍珠汽车漆
69 幻彩超级特别珍珠漆系列	69 幻彩超级特别珍珠漆系列，其特有的超级变换方式能产生特有的变换色彩，使装饰效果更具特色
特种高亮清漆	1360、0200 为高固型双组分清漆，其流平性极好、光泽度极高，且硬度好，可快速干燥和抛光，是名贵轿车高品质喷涂的首选。在大、小面积修补及整车喷涂中都有所应用
镜面装饰涂料	镜面装饰涂料能使车身表面有“镜面效果”，提高装饰性能的涂料有达壮 BC 双工序色漆、达壮 DG 双组分高光泽低温烘漆、达壮 D800 清漆和达壮 D880 双组分高膜厚超级清漆  D800 清漆

二　了解橡胶装饰材料

类别	主要内容
橡胶的性能	橡胶有合成橡胶和天然橡胶两类。合成橡胶主要有丁苯橡胶、丁基橡胶和丁腈橡胶等
橡胶在汽车上的应用	汽车上有很多零部件都会用到橡胶材料，占到整车重量的 3.5% ～ 8%，是继钢铁后的第二大应用材料。在汽车中常用到的橡胶件主要有轮胎类、密封胶条类、管路类、传动类、减振类等

第五节　汽车常用内饰材料有哪些

汽车内使用的材料主要有布饰面料、皮革面料及胶粘剂等。

一 了解布饰面料

布饰面料一般用来制作坐垫、座套、顶棚、地毯等，根据面料的特点可分别选棉、毛、化纤等。

黑色织物坐垫

坐套

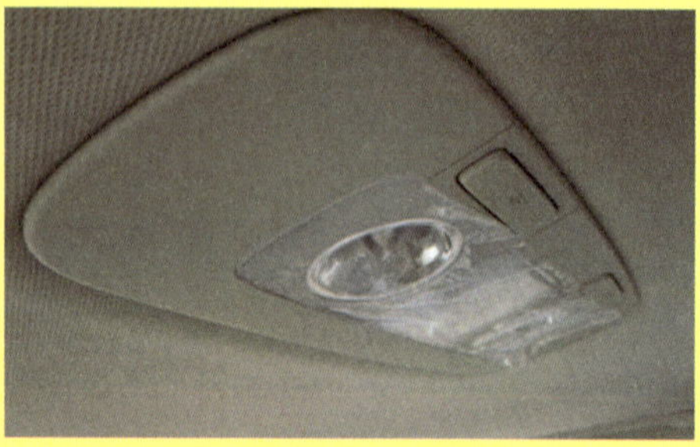
汽车顶棚

汽车地毯

布饰面料的主要性能和用途

品种名称	产品性能	用途
纯毛织品	有较好的保温性和透气性，比棉制品强度高，制品不易染色、易被虫咬、易变形、不易清洗	是汽车装饰的主要材料，可作顶盖、内护面内衬、座套、坐垫及地毯等
化纤织品	强度高、寿命长、易清洗、不易变形，大部分易着色，其保温性和透气性差	是汽车装饰的主要材料，可做顶盖、内护面内衬装饰、座套、坐垫及地毯等
纯棉织品	有较好的柔软性、保温性、透气性；易涂色且色彩鲜艳；易吸水、强度较差、易变形	在汽车的一般装饰中制作坐垫、座套等
混纺织品	以棉、毛和化纤为原料，按一定比例制成，具有上述各原料的优点，有良好的综合性能	是汽车装饰的主要材料，可作内衬装饰、座套、脚垫及窗帘等

二 了解皮革面料

皮革面料是由动物的皮经加工而成的，主要有牛皮、羊皮、猪皮等，是汽车装饰中的高级装饰面料，一般用来制作豪华轿车里的驾驶室座椅、仪表板等。皮革制品的透气性能较好；其缺点是怕水，浸湿后易变形，使装饰效果变差

真皮座椅

真皮仪表板和方向盘

其中，牛皮以黄牛皮为主，皮革不但面积大，而且很厚，是最佳的皮革装饰材料。羊皮比牛皮薄，有更细腻的皮纹，强度比牛皮差。猪皮比牛皮面积小，但比羊皮面积大且厚，有较粗的皮质和皮纹

三　了解常用胶粘剂

胶粘剂是汽车生产中重要的工艺材料之一，其在汽车的结构增强、密封防锈、减振降噪、隔热消音、坚固防松、内外装饰及简化制造工艺、减轻车身重量、促进新型结构材料在汽车上的应用等方面具有特殊的作用。

类别	主要内容
焊装工序用胶	这类胶粘剂与油面钢板的附着性较好，一般不用专门设立加热固化设备，不会对清洗、磷化、电泳等涂漆工艺产生任何不良影响
涂装工序用胶	现在使用的胶多数是塑溶胶产品，其触变性很好，可以挤涂和喷涂，在中涂漆和面漆施工后不会有变色现象
焊缝密封胶	有密封、防锈、防漏的重要作用。车底抗石击涂料能抵抗沙石对车底的冲击，可使车底的防腐蚀能力提高，延长车体寿命，且能使车内噪声减小
总装工序及内饰用胶	聚氨酯玻璃在风窗玻璃、侧窗玻璃等的直接黏接密封中有所应用，代替了传统的装配工艺，使整车的安全系数有所提高。内饰用胶有较多的品种，如普遍使用的氯丁橡胶胶粘剂、丙烯酸酯压敏胶等，主要用于顶棚内饰材料、车门防水膜、车门板内饰材料等
发动机和底盘装配用胶	汽车发动机、变速器、底盘装配用胶粘剂主要在各种平面、孔盖、管接头的密封、螺栓和轴的固持锁固等上有所应用，用于避免出现油、气、水泄漏和螺栓松动的情况
汽车零部件用胶	胶粘剂也会大量应用在汽车零部件生产过程中，如刹车蹄与摩擦片黏接用的蹄片胶、仪表真空吸塑用胶粘剂、滤清器滤芯胶粘剂、车灯用胶粘剂、内饰材料和隔音隔热材料用胶粘剂等

第六节　汽车车身的补丁——汽车修补漆

高质量的修补漆一般由系列产品组合而成，主要有：底漆、中间涂料、面漆。

一 你了解汽车的底漆吗

（1）底漆的概念	在经过表面处理的本身部件表面上直接涂装的第一道涂料就是汽车底漆  汽车底漆
（2）底漆的种类	底漆的种类主要有溶剂型底漆和水性底漆
（3）底漆的作用	在施工物体表面用的第一道漆就是底漆，第一可防止金属表面被氧化，第二可增强金属表面与腻子间的附着力。底漆必须与物质表面和中间涂层相配套，否则将会发生“咬底”“揭皮”的现象
（4）底漆的技术要求	在技术上，要求底漆与底材的附着力要良好，与上面的中涂或面漆要有良好的配套性，还必须具备良好的防腐性、防锈性、耐油性、耐化学品性和耐水性。汽车底漆形成的漆膜还要有合格的硬度、光泽度、柔韧性和抗石击性等机械性能
（5）底漆的应用	随着汽车工业的快速发展，对汽车底漆的要求越来越高。目前，轿车用底漆几乎已全部使用了阴极电泳底漆。电泳漆是在水性浸涂底漆的基础上发展起来的，它在水中能离解为带电荷的水溶性成膜聚合物，并在直流电场的作用下游向相反的电极（被涂面），在其表面上沉积析出。采用电泳涂装法时，被涂物必须是电导体。电泳底漆根据电泳涂装方式的不同，可分为阳极电泳底漆和阴极电泳底漆。电泳底漆使用的成膜聚合物是阴、阳离子型树脂，中和剂为有机胺或有机酸，一般选用钛白和炭黑等作颜料  阴极电泳底漆
（6）底漆的涂装方式	汽车用溶剂型底漆主要选用硝基树脂、环氧树脂、醇酸树脂、氨基树脂、酚醛树脂等为基料，通常以氧化铁红、钛白、炭黑及其他颜料和填料作颜料，有喷涂和浸涂两种涂装方式

二 了解一下中间涂料吧

（1）中间涂料的概念	中间涂料就是用于汽车底漆和面漆或底色漆之间的涂料
（2）中间涂料的作用	中间涂料能牢固地附着在底漆表面，也能轻易与其上的面漆涂层相结合，起承上启下的作用。其耐潮性和打磨性都较好，能封闭底层的小缺陷，使漆面丰满度提高
（3）中间涂料的构成	腻子、二道底漆和封闭底漆都是涂料配套涂层的中间层，腻子用来填补被施工物件的不平之处，一般呈厚浆状，涂层的机械强度差，易脱落；封闭漆通常用于装饰性要求较高的涂层中，这种涂层要求在涂面漆之前涂一道封闭漆，以填平上述底层经打磨后遗留的痕迹，从而得到令人满意的平整底层

汽车用腻子

刮腻子

三 面漆原来是这样的

（1）汽车面漆的概念	汽车用面漆是汽车整个涂层中最后一层涂料，决定了涂层的耐久性能和外观等。汽车面漆是整个涂膜的最外一层，这就要求面漆具有比底漆更完善的性能。首先耐候性是面漆的一项重要指标，要求面漆在极端温度、风雪雨雹的气候条件下不变色、不失光、不起泡和不开裂。面漆涂装后的外观更重要，要求外观丰满、无橘皮、流平性好、鲜映性好，从而使汽车车身具有高质量的协调性和外形。另外，面漆还应具有足够的硬度、抗石击性、耐化学品性、耐污性和防腐性等性能，使汽车外观在各种条件下均保持不变
（2）汽车面漆选用要求	面漆所采用的树脂基料基本上与底层涂料相一致，但其配方组成却截然不同。选用的面漆对施工工艺要有较好的适应性，因某些场合对装饰性的要求高，所以面漆要有优良的抛光性能，且还应具有较好的重涂性和修补性。涂膜应坚硬耐磨，有足够的抗石击性和硬度，防止汽车在路面沙石的冲击和摩擦作用下产生划痕。对面漆涂层腐蚀性能的要求虽比底漆低，但在与底漆配套后，仍应增强整个面漆涂膜的防腐蚀性

汽车面漆

四 如何选择汽车修补漆

1. 对底漆的选择原则

满足基本材料和不同档次汽车对底漆的要求；满足地域气候条件的特殊要求；在车辆维修中，满足面漆对底漆性能的要求。

2. 对中涂层的选择原则

中涂层材料要满足与底漆和面漆附着力的要求；在保证涂装质量的前提下，有较高的生产效率，且施工方便、效益好。

3. 对面漆的选择原则

满足各层次汽车外表的要求；满足底漆环境对面漆的“三防要求”；满足与底漆和中涂层漆结合力的要求；在保证面漆质量的前提下，要求施工方便、有较好的涂装效益。

入门关键：

工欲善其事，必先利其器。汽车美容工具和设备是技师的伙伴，只有用好这些工具才能正确掌握汽车美容技术。

学习使用汽车美容常用工具、汽车清洁与护理设备、汽车修补涂装设备等是学习汽车美容技术的基础。学习过程中要重点掌握每种工具、设备的优缺点、使用方法和注意事项，做到合理选择、正确操作。

第四章

汽车美容技师的伙伴——美容工具和设备

第一节　你知道汽车美容常用工具有哪些吗

一　汽车美容技师一定要会用的清洁工具

汽车美容常用的清洁工具包括：海绵、毛巾、洗车手套、空气清洁枪、麂皮、车巾等。

种类	简介	图例
海绵	**优点**：海绵有较好的弹性、柔软性和良好的吸水能力，对漆面具有保护作用。用海绵清洗汽车时，沙粒和尘土很容易被藏在气孔内，这样可以避免清洗工具对车身产生划痕 **使用方法**：在清洗车面时，用海绵适量吸收已配好的洗车液，可把汽车漆面上附着力强的污垢清除掉	 海绵
毛巾	在汽车美容作业中，毛巾是最常用的工具之一。专业的汽车美容场所要准备多种类的毛巾，比如大毛巾、小毛巾、干毛巾、半湿毛巾、湿毛巾等 **使用场合**：擦拭和手工清洗车身表面时用大毛巾；而小毛巾主要在擦洗车内凹槽和内饰部件等处的污垢时有所应用；在清洗车窗玻璃时，湿毛巾、半湿毛巾、干毛巾要综合使用 **注意**：用毛巾擦拭汽车时，沙粒和尘土很容易被深藏在毛巾内，这样会对车身产生划痕，所以要注意经常清洗毛巾	 毛巾 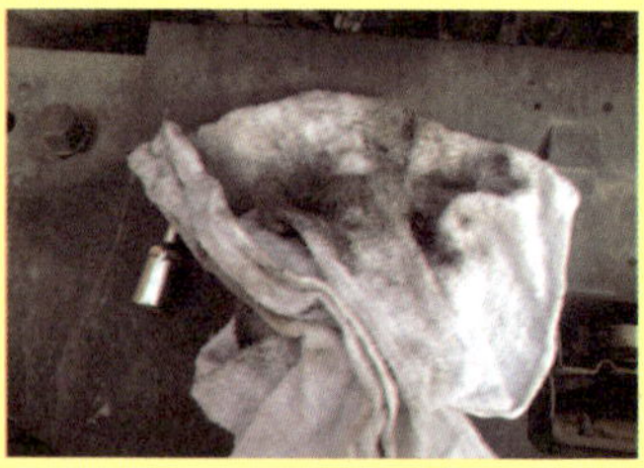 要废弃的毛巾
洗车手套	在擦洗车身时，会用到洗车手套 **优点**：它上面的绒毛可以吸纳灰尘，在擦拭车身漆面时，可以防止对车面造成划痕 **注意**：未经清洗的车辆不能直接用洗车手套进行擦拭，否则车身上的沙粒和灰尘会造成车辆的“发丝刮痕”	 洗车手套

种类	简介	图例
空气清洁枪	**使用场合：** 主要用于清洗汽车内饰件，同时也可将车窗、后视镜等处的残余水珠清除掉 **注意：** （1）工作时，清洁枪的压力不能超过 $10kgf/cm^2$，以免损伤清洁枪 （2）使用前要测试是否对清洁物有损坏，特别是过旧的车辆 （3）使用专用清洗液，以免损坏清洁枪的零部件 （4）禁止对着人吹风 （5）施工完成后，将清洁枪清理干净，放在干燥通风处	 空气清洁枪 对于无法实现清洁功能的空气清洁枪，如果也无法修复，就可报废。
麂皮	**优点：** 麂皮的质地柔软，有良好的韧性和耐磨性，且能防静电。在擦拭车身时，使用麂皮会使其很快干燥，无水痕留下，也不会划伤车身，因此在洗车作业中，麂皮有着非常广泛的应用 **使用窍门：** 为延长麂皮的使用时间，在擦拭车表时，要先用毛巾把车身擦干后，再用麂皮进一步擦拭	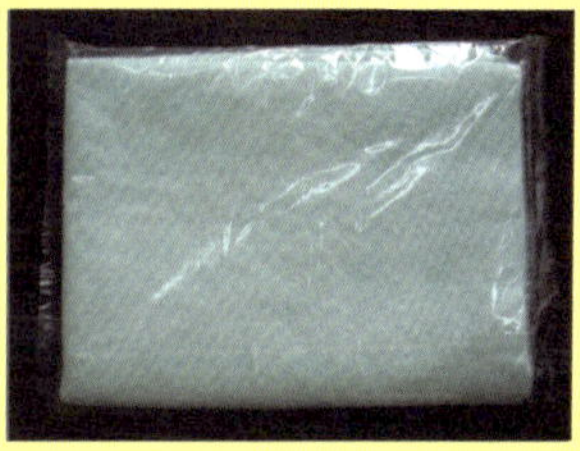 新麂皮
车巾	车巾是最新研制出来的汽车专业清洁产品。因清洁剂通常呈强酸或强碱性，通过和污垢发生中和化学反应来达到去污效果。但强酸或强酸会损坏车表，对人体的健康也不利。用车巾去污时，其特有的乳化液会结合车表的污垢，使之软化、松脱后再将其除去。乳化液的 pH 值为 7.0，所以无论污垢是酸性还是碱性都能被去除，且环保无害	 新车巾

二　汽车美容技师一定要会用的除锈工具

汽车美容常用的除锈工具主要包括扁铲、锉刀、刮刀、电动砂轮、气动枪、电动锤、湿喷砂机、干喷砂机、刮灰刀、牛角板、钢片刮板、橡胶刮板和一些涂刷工具等。

1. 手工除锈工具

优点： 在所有除锈方法中，手工除锈最为简便。因其不受任何限制，在小工作量的除锈处理中仍有广泛应用。

缺点： 除锈的效率低、效果差且操作费力。

工具种类： 主要使用刮刀、扁铲、钢丝刷、锉刀、废砂轮片、纱布等工具。

扁铲

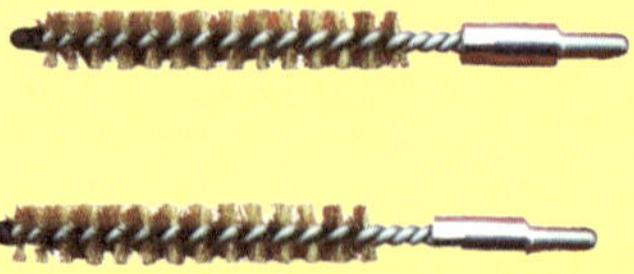

钢丝刷

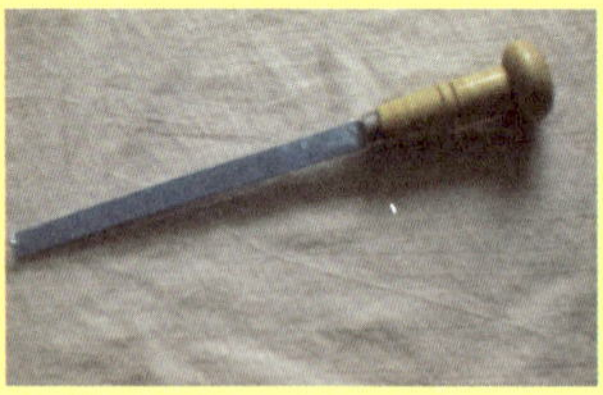

刮刀

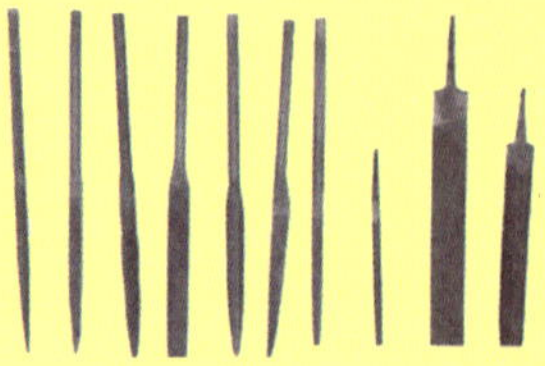

锉刀

2. 机械除锈工具

除锈机理：机械除锈工具利用机械产生的冲击和摩擦作用进行除锈。

优点：机械除锈工具的作业效率高且质量好，适合大面积或批量汽车的除锈。

分类：机械除锈工具根据其动力装置分为气动除锈工具和电动除锈工具。常用的电动除锈工具有电动砂轮、电动锤、电动刷等；气动除锈工具以压缩空气为动力，带动机器进行作业。常用的气动除锈工具有气动枪；气动砂轮；气动防锈锤等。

电动砂轮

气动枪

3. 喷砂除锈工具

除锈机理：喷砂除锈以压缩空气为动力，将磨料以一定速度喷在被处理物的表面，以除去铁锈。

优点：用此方法作业效率高且效果好。

分类：喷砂除锈工具有主要有干喷砂机和湿喷砂机等。在汽车美容中，湿喷砂机是最常见的除锈工具。

使用窍门：如果在磨料中添加适量的水，以全湿的磨料喷在车身表面，可有效清除氧化皮和旧涂层。若在水中添加适量的缓蚀剂，则可防止返锈。

湿喷砂机

干喷砂机

三 必须使用的刮涂工具

刮涂工具主要包括：刮灰刀、牛角板、钢片刮板和橡胶刮板等。

1. 刮灰刀

构成：刮灰刀是由木柄和刀板构成的，木柄由松木、桦木等制成，刀板的规格有宽、窄等多种。

应用：在不同的场合有所应用，操作简便。

2. 牛角板

构成：牛角板由优质的水牛角制成，操作简便，可来回左右刮涂。

应用：在修饰腻子的补刮中有广泛应用。

保管：使用完牛角板后，为防止其变形，应清洗干净，放在木夹上存放。

3. 钢片刮板

构成：钢片刮由弹性极好的薄钢片制成，有较好的弹性，刮涂轻便，作业效率高。

应用：在局部刮涂和全面刮涂中都可使用。轿车、大型客车等表面的腻子刮平用钢片刮板较合适。

4. 橡胶刮板

构成：橡胶刮板是由耐油、耐溶剂和膨胀系数小的橡胶板制成的。要根据需要确定其外形尺寸和形状。

优点：橡胶刮板有极好的弹性，刮涂方便，可根据物面形状进行刮涂，以使腻子层平整。

刮灰刀

牛角板

钢片刮板

橡胶刮板

四 必须使用的涂刷工具

漆涂工具主要有漆刷、画笔、毛笔、盛漆容器等。

1. 漆刷

种类：漆刷的种类很多，根据形状可分圆形、扁形、歪脖形三种；根据制作材料可分为硬毛刷和软毛刷；硬毛刷的主要构成部分是马鬃和猪鬃；按制作尺寸有12mm、19mm、25mm、38mm、50mm、65mm等。

构成：软毛刷的主要构成部分是狼毫、山羊毛、猫毛等。

应用：圆形毛刷分大圆毛刷和椭圆毛刷两种，直径分大小不等的尺寸，比较适合刷涂粗糙的部件。扁形毛刷有硬毛、软毛两种。多用猪鬃制成硬毛刷、用羊毛制成软毛刷。在刷涂稀涂料时，多用软毛刷，因其有较大的吸漆量、较轻的刷痕且流展性好，因此在刷涂品质要求高的物件时使用。

2. 毛笔和画笔

应用：在涂装作业中，毛笔和画笔用来描字、画线、涂刷难以涂到的部位和局部补漆。长杆画笔是常用的画笔，而毛笔以狼毫为好。

漆刷

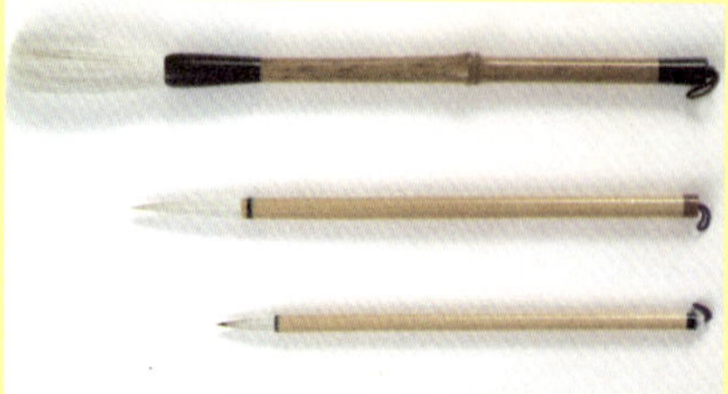

毛笔

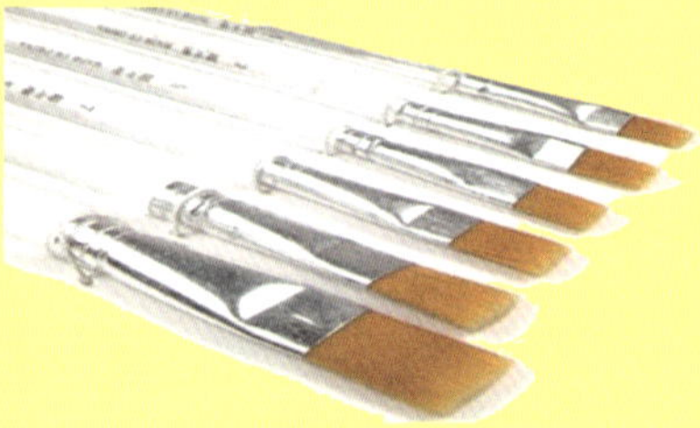

画笔

五 不可或缺的打磨工具

1. 手工打磨工具

手工打磨主要用砂布包垫板进行打磨，垫板分为木质和橡胶质。木板可选用长为 180 ～ 200mm、宽为 50 ～ 60mm、厚度为 20 ～ 30mm 的平直木板，橡胶块可用 18 ～ 20mm、长宽相应的厚橡胶板剪制而成。打磨工具的辅料是砂纸和砂布，砂纸分水砂纸和木砂纸，木砂纸主要在磨光木制品表面时使用；水砂纸涂有耐水材料，不惧水，因而能用于水磨。

水砂纸

木砂纸

2. 机械打磨工具

常用的机械打磨工具有很多种类，根据其动力装置可分为电动打磨工具和气动打磨工具。

（1）电动打磨工具主要在清除钢铁表面的铁锈和旧涂层时使用，其优点是噪声小、振动轻，仅有较少的粉尘出现。但不适合水磨，一般比气动打磨工具的质量大些。

（2）气动打磨工具主要有风磨机、风动砂轮、钢丝轮等，和电动打磨工具的作用一样。其优点是质量轻、速度较快、体积小、磨平质量好且能用于水磨。

电动打磨机

气动打磨机

第二节 汽车清洁设备并不简单

一 洗车工具有点复杂

1. 外用湿性海绵

湿性海绵“藏污纳垢”的能力良好，沙粒和尘土很容易被海绵深藏在气孔内，这样可以避免清洗工具对车身造成划痕，让海绵适量吸收已配好的洗车液，可轻易把汽车漆面附着力强的污垢清除掉。

2. 毛巾

分类：毛巾分为半湿性大毛巾、半湿性小毛巾、干性小毛巾和干性大毛巾。

使用方法：用清水浸湿大毛巾，然后拧至半湿状态，能使擦车的速度提高，且可使擦车的时间缩短，通常在麂皮擦车前的预处理中多有应用；半湿性的小毛巾在擦洗门边污垢和车身沿处的泥沙时多有应用；用半湿性毛巾擦完车身后，为使车身表面更干净，可用柔软且不易脱毛的干性小毛巾擦拭，使车身表面的水痕被擦净。

外用湿性海绵

毛巾

3. 板刷

应用：板刷主要应用于清除轮胎、挡泥板等处附着的泥土垢，由于上述部位附着了较厚的泥土，要冲洗干净实属不易，所以在洗车时要有针对性地进行刷洗。

选用：板刷最好选用鬃毛刷，鬃毛板刷不仅具有非常好的韧性和耐磨性，还可以减少刷洗作业对橡胶、塑料件产生的磨损。应注意，最好不要使用塑料纤维板刷。

4. 麂皮

麂皮在洗车作业中有非常广泛的用途，主要用于擦干车表面。它质地柔软，对漆面有良好的保护能力，而且吸水能力十分出色，尤其是对车身表面及玻璃水膜有着极佳的清除效果。但在擦干车身表面时，最好先用毛巾或浴巾进行擦拭，再用麂皮进一步擦干，以利于延长麂皮的使用寿命。需要注意的是，在选用麂皮时，应尽可能选择较厚的，因其皮质的韧性良好且耐磨性也十分出众。

板刷

麂皮

二 清洗设备也不简单

1. 清洗设备的分类

汽车清洗设备有很多种类，通常可按其结构形式、对水的利用程度、车辆移动路线等来分类。按设备的结构形式，可分为固定式、可移动式和车载式三种。

在选择清洗设备时，要根据其类型及特点，把握以下原则：**若企业的清洗作业量大，则固定式清洗设备是较好的选择**。常见的固定式清洗设备有四滚刷清洗台、龙门式清洗机等。如果企业的清洗作业量小，应选用可移动式清洗机。根据地理位置和季节特点，在冬季时，北方适合选择调温式清洗机，以适应清洗作业的需要。

种类	简介	图例
固定式清洗设备	**特点**：具有较高的清洗作业效率和较低的劳动强度 **分类**：固定式清洗设备根据清洗方式的不同，可分为喷射冲洗式和滚刷刷洗式；根据清洗过程中车辆的移动路线，固定式清洗设备可分为直通式和尽头式两种，直通式清洗设备为流水作业 **优点**：作业效率高 **缺点**：占地面积大，价格昂贵	

种类	简介	图例
可移动式清洗设备	属于小型清洗设备，车辆停在清洗工位上便可进行清洗 **优点**：操作方便，灵活机动 **缺点**：通常是单喷嘴，有较小的出水量，作业效率低	
车载式清洗设备	车载洗车器因具有体积较小、携带方便和洗车省时的优点而常被人们称为便携式洗车器或者家用洗车器 **工作原理**：和农业上使用的喷雾器一样，车载洗车器也是通过一定的加压方式，使压力管内的压力增大，从而对吸进高压管内的水施加一个较强的压力，当人们打开喷头的时候，压力管内的水就会以较快的喷射速度喷射出来 **分类**：车载洗车器从结构造型上看主要分为三大类，分别是手动洗车器、脚踏式洗车器和电动洗车器 **特点**： （1）手动洗车器。体积一般在 10L 左右，出水口的地方一般都配备一个软毛刷子。工作的时候出水口喷射的水流和刷子协同工作，刷子把车上的污垢刷下来后，由出水口喷射的水流把污垢冲洗下来，从而达到清洗效果。这种洗车器主要靠手工压力给压力管施压，主要目的是把储水箱内的水喷射出来供刷洗的时候使用。但这种洗车器几乎没有喷射力度，主要用于局部清洗和对轻度灰尘的清洗 （2）脚踏式洗车器。这种洗车器是最近才刚刚流行的洗车器，它主要采用压力管和储水箱分离的设计理念，由一个进水管、一个压力管和一个脚踏气囊组成。压力管只有 个水杯那么大，因此携带就更为方便。洗车的时候只需要把进水管放到水源中就可以洗车了。这种洗车器的原理和工作方式与手动洗车器大致一样，靠毛刷和出水口的水流协同清洗。此种洗车器也主要是用于清洗轻度灰尘，清洗效率较低	 手动洗车器 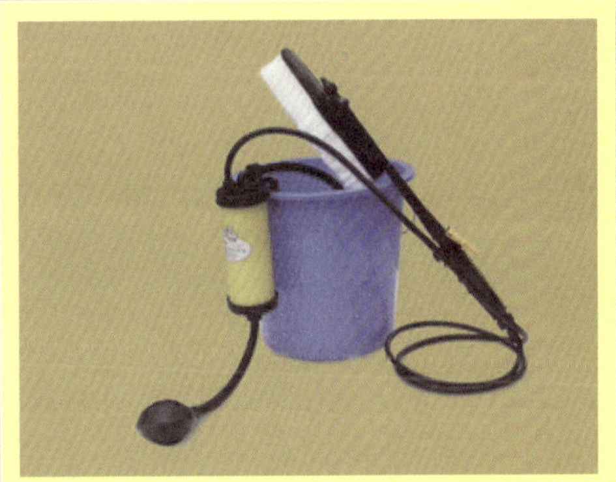 脚踏式洗车器

种类	简介	图例
车载式清洗设备	（3）电动洗车器。这种洗车器一般体积较大一些，一般在 20 ～ 30L，除了配备有一个洗车毛刷外还配备有一个洗车水枪，因为这种洗车器靠电机产生较大的压力，可以压射出具有较大喷射力度的水流，因此对一些比较顽固的污垢具有很好的清洗效果。喷射枪头可以由出水口开关控制喷射水雾或者水柱，有的水柱可喷射 7m 左右。一般这种洗车器都带有自己的供电系统，电池充满电后可以洗车 3 ～ 4 次。这种洗车器的洗车效果和效率都比前两种高，价格也会偏高一些，一般在 300 元左右	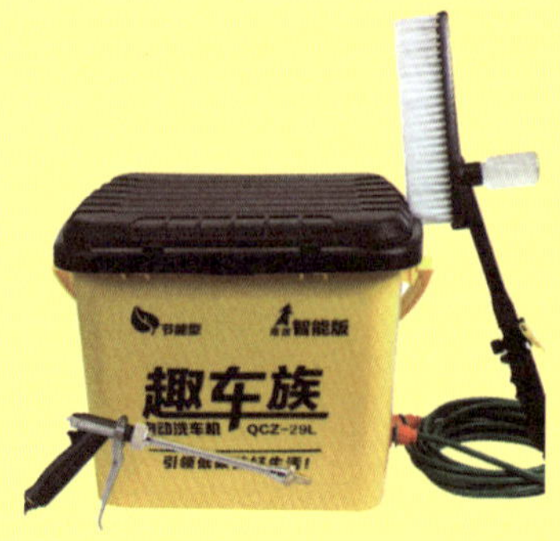 电动式洗车器

2. 冷热水高压清洗机

（1）冷热水高压清洗机的结构及性能。冷热水高压清洗机属于小型清洗设备，轻便灵活，具有良好的使用效果。此类清洗机要想进行工作，还需与之配套的部件，如各种规格的喷枪、进水软管和出水软管、洗刷用的毛刷等。

冷热水高压清洗机

冷热水高压清洗机，通常由水泵、加热装置和传动机构等组成，安装在轻便的小车上。在获取高压水流时，通常采用柱塞式水泵，一般采用自来水做水源，若用其他水时，如水池中的水，为避免影响清洗质量，需进行过滤处理后才可使用。

高压水流的压力和流量都是可以调节的，水的温度也可以调节。在现代的高压清洗系统中，有各种相配套的装置，备有各种控制和保护系统，同时还装备有全套喷嘴，其可获得各种不同形式的水流，这些装置可完成加洗涤剂或不加洗涤剂、低压或高压等不同需要的清洗作业。

（2）冷、热水高压清洗机的特点

1）结构紧凑。冷热水高压清洗机的结构紧凑，安装在小车上，使用时灵活轻便。

2）作业效率高。用热水冲洗比蒸汽清洗的效率高、成本低。

3）有利于保护环境。因冲洗时用热水，所以就不必用化学药品和试剂了，从而有利于保护环境。

4）清洗质量好。冲洗时用热水，有利于清除油污和泥土，同时也不会损伤涂膜表面，清洗质量好。

5）清洗范围广。因为这种清洗方式简单灵活，对各式的车辆和零部件的清洗都适用。如大、中、小型车辆的车外、车内的清洗，部件和零件的清洗，除污和除尘，新车打蜡等都可使用。

3. 泡沫清洗机

泡沫清洗机的工作原理是利用压缩空气在设备内部产生一定的压力，然后将设备内调配好的清洗液以泡沫通过设备配置的系统喷射到需要清洗的汽车车身表面，经过化学反应，能有效地进行去尘和去污。据相关的数据统计，采用泡沫清洗机后，清洗一辆汽车的材料成本不到 0.20 元，有着十分明显的成本优势。

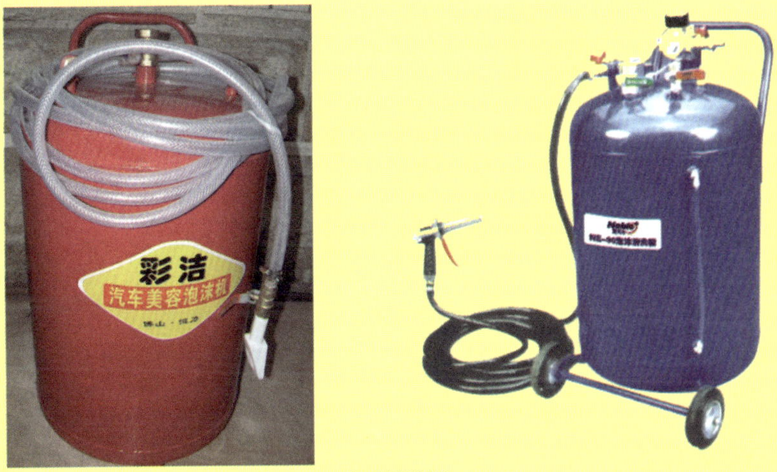

泡沫清洗机

4. 水枪和气枪

高压清洗机和空气压缩机配套使用的重要清洗设备分别是水枪和气枪。它们有很多的种类，有的带快速接头，可作快速切换；有的带长短接杆，使用时更加方便快捷。

由于水枪和气枪会承受很高的工作压力且经常使用，所以比较容易出现泄漏和损坏。

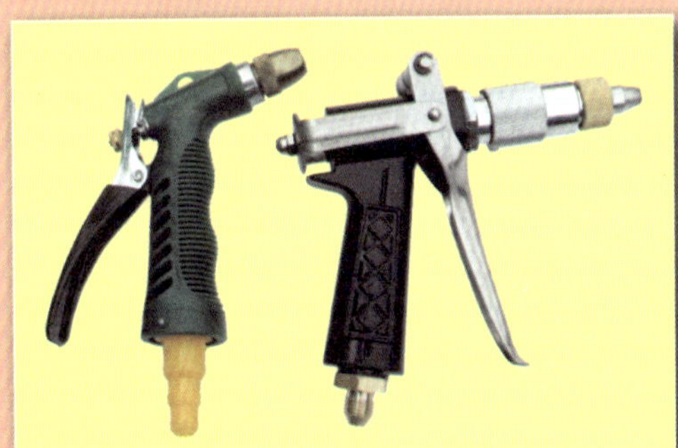

水枪

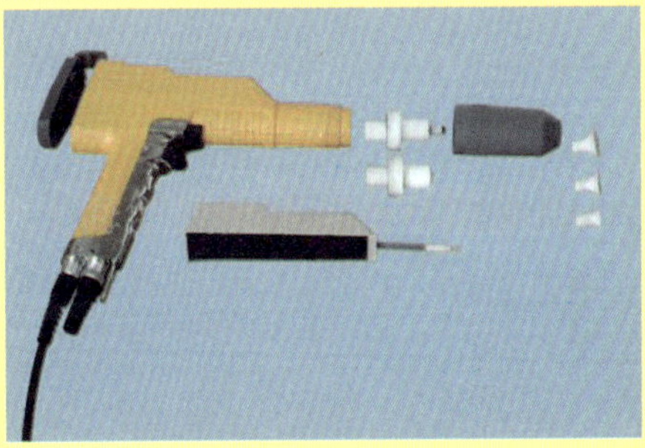

气枪

5. 水枪的连接

（1）水管两端要分别安装这种快接头

（2）装好快接头

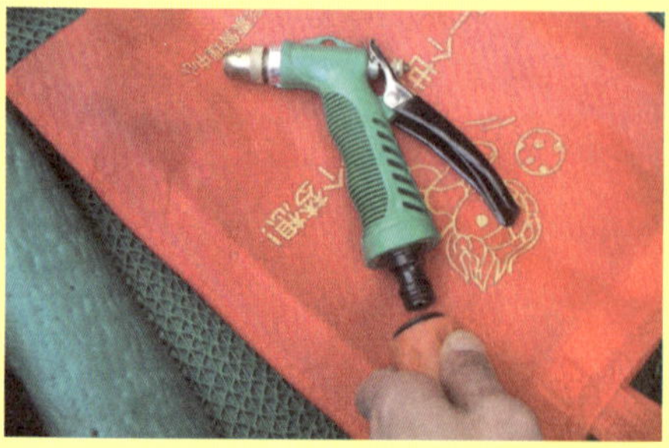

（3）用快接头与水枪连接

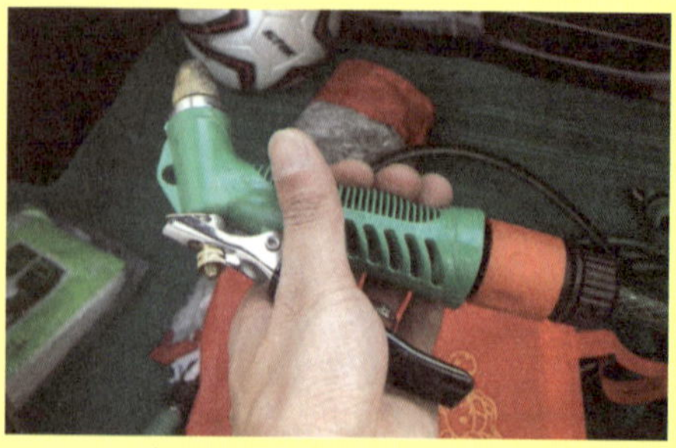

（4）将水枪与快接头连接紧

（5）两头都装好了快接头的水管

（6）水龙头接头

（7）水管的另一端也接上快接头并与水龙头连接

第三节　学会使用汽车护理设备

一　要会用发动机燃油供给系统免拆清洗机

燃油供给系统免拆清洗机能够把燃油系统各部位的积炭清除掉。清洗剂利用发动机自身系统的压力及循环网络，来代替油料燃烧进行对缸内的积炭清洗，随后借排放系统排出，这就是燃油供给系统免拆清洗机的清洗原理。

在清洗时，燃油系统清洁剂与燃油按一定的比例混合，制成同时具有燃烧和清洗作用的特种燃料，随后把原车的供油系统切断，此时，发动机供油采用上述特种燃料，起动发动机，怠速运转，清洁剂随燃油流动、燃烧。当特种燃料通过喷油器时，也同时清洗了喷油器的针阀、油管、火花塞、燃烧室和活塞，进排气门等处的积炭、胶质和积垢也同时被软化、剥落、溶解并随废气排出缸外，从而达到清洁的效果。

发动机燃油供给系统免拆清洗机

发动机燃油供给系统免拆清洗机清洗柴油机时要更换滤芯。该机所配的清洗剂是汽油机专用，切忌往柴油车的油箱内倒，避免严重损坏车辆。

不同发动机燃油系统的布置形式和燃油管的安装位置也不一样。为使其连接，很多发动机燃油系统免拆清洗机都配有各种接头，以连接不同类型的发动机。

当喷油器清洗的时间间隔很长时，形成的积炭就会极其坚硬、顽固，免拆清洗法难以彻底去除，这时就需要拆卸清洗。

二　要会用发动机冷却系统免拆清洗机

冷却系统的水垢和杂质能被发动机冷却系统免拆清洗机清洗干净。

1. 发动机冷却系统免拆清洗机的工作参数

电压：220V；频率：60Hz；容量：5L；质量：16kg；冲洗方式：气压冲洗；加水方式：电动加水。

2. 操作步骤

1）把适用的三通接头在汽车冷却回路的水管上固定好。

2）把清洗机清洗液桶打开，添加清洗液。

3）把自来水与清洗机入口相接。

4）出水管与车上的三通接头相接。

5）把气压快速接头接上。

6）接通电源。

7）把三通电源转至冲水位置，然后将汽车散热器盖或储液罐打开。

8）打开自来水开关进水，当水从散热器盖冒出后旋开调压器，此时脉冲开始产生，30～60s后，把气源关掉，待到自来水补满后再开，到完全冲洗干净为止，水压为49～98Pa即可。

9）冲洗干净后，把自来水关掉，打开气源，冲出残留在管内的水，直到管内无水垢为止，然后把气源关掉。

10）把三通开关转至添加位置，将电源打开即开始加防冻液，防冻液从三通管进入，等到防冻液从散热器冒出时，即可把电源关掉。

11）在完成工作后，三通接头的固定盖要完全锁紧、起动发动机并检查散热水位。

发动机冷却系统免拆清洗机

三 要会用发动机润滑系统免拆清洗机

清洁和护理发动机时，发动机润滑系统内的油泥、积炭等沉积物能被发动机润滑系统免拆清洗机溶解并清理干净，防止机油在高温下氧化稠化，能使发动机的品质得到改善，延长发动机的使用寿命，使作业效率提高。

功能特点：

专业隔膜泵，输出压力高、波动小、使用寿命长；对引擎的出油系统，燃烧室进，排气门组件的积碳胶质有效清除，达到省油、降低有害废气排放，使引擎性能恢复如新

发动机燃油系统免拆清洗机

发动机润滑系统免拆清洗机的清洗步骤如下：先把机油滤清器拆除，再把油底壳的放油螺塞拧下，把旧油放掉。将清洗机的进油管与机油滤清器的主油道相接，回油管接到放油螺孔上，接入压缩空气，起动发动机润滑系统免拆清洗机，并保持怠速运转，遵循使用说明书的规定，调整清洁液的压力，清洗液就在汽车机油道内冲洗循环，使发动机的油泥、积炭逐渐溶解，循环清洗至油底壳。本系统的回油管将清洗液真空抽出，经由清洗机的极细滤芯过滤，除去油泥、金属屑、微粒等，全部由计算机来控制整个清洗循环过程。

结束清洗后，要更换新的机油滤清器，发动机按规定加入新机油后即可投入正常工作。

四 要会用汽车举升机

举升机安全操作规程

1）举升的车辆要在该产品的额定举升重量之下

2）举升过程中车下和车内不能有人

3）未经允许时非使用人员严禁操作本设备

4）若举升机长期停止使用或下班后，要切断控制盒电源

5）举升车辆时，先在被托汽车上找到合适的位置放置托臂，再分别转动四只橡胶托盘，使四只托盘距有相等的车身位置，再按上升按钮。当车与地面大约有 10cm 的距离时，应对托盘位置进行检查并摇晃一下车辆，以查看其安全性，确保安全后，才能继续进行工作

6）液压举升上升后，其安全保险锁的手柄方向一定要朝上

汽车举升机

第四节 一定要会用汽车修补涂装设备

一 喷漆室原来是这样的

喷漆室是提供涂装作业专用环境的设备。喷漆室中制造的人工环境的温度、湿度、照度、洁净度等能满足涂装作业的需求；对操作者的安全有保护作用；可治理涂装作业的废物排放，避免污染环境，也就是说，能及时从喷涂的现场清除喷涂涂装时产生的雾粒，从而使涂装质量得到保证，保护环境，保证操作者的安全，一般在具有局部排水设施的小室内进行喷涂作业。

喷漆室分为干式喷漆室、湿式喷漆室、水帘式喷漆室、油洗式喷漆室、无泵喷漆室、水旋式喷漆室等。干式喷漆室一般经过排气、滤清器捕集涂料雾粒、用挡板吸附雾粒、强制通风等步骤来处理涂料雾粒，但事后要对挡板进行清扫，要经常更换滤清器，因此不适于大批量的涂装。湿式喷漆室用水幕吸收或吸附涂料雾粒，喷漆室能持久连续使用，净化漆雾的效率高，操作维护简便，没有排放任何废水，安全干净，有较高的优越性。在水帘式喷漆室中作业员利用大气的正负压，在头顶安装空气进口，在喷漆台前面安装水帘墙，水帘墙后面有大功率风机抽气，头顶到水帘墙后面形成空气对流，空气通过水帘墙将油气离子过滤到水里。

喷漆室

干式喷漆室

湿式喷漆室

水帘式喷漆室

油洗式喷漆室

无泵喷漆室

水旋式喷漆室

二 空气压缩机不难用

空气压缩机是气源装置中的主体，也是压缩空气的气压发生装置，能将原动机（通常是电动机）的机械能转换成气体压力能。空气压缩机有很多种类，按工作原理可分为容积式压缩机和速度式压缩机。压缩气体的体积，增加单位体积内气体分子的密度以提高压缩空气的压力是容积式压缩机的工作原理；速度式压缩机的工作原理是使气体分子的运动速度提高，使其具有的动能转化为气体的压力能，从而使压缩空气的压力提高。

主要依据气动系统的工作压力和流量来选择空气压缩机。因供气管道的沿程损失和局部损失要被考虑在内，所以气源的工作压力应比气动系统中的最高工作压力高 20% 左右。若系统中某些地方的工作压力要求较低，则供气时可以采用减压阀。空气压缩机的额定排气压力分为低压（0.7～1.0MPa）、中压（1.0～10MPa）、高压（10～100MPa）和超高压（100MPa 以上），可根据实际需求来选择。常见的使用压力通常为 0.7 ～ 1.25MPa。首先，根据空压机的特性，选择空压机的类型，再按气动系统所需要的工作压力和流量来确定空压机的输出压力（pc）和吸入流量（qc），最终选取空压机的型号。

直接用电动机驱动压缩机，从而让曲轴产生旋转运动，带动连杆使活塞产生往复运动，使气缸容积发生变化。因气缸内压力的变化，通过进气阀使空气经过空气滤清器（消声器）进入气缸，在压缩行程中，由于气缸缩小了容积，压缩空气受到了排气阀的作用，经排气管、单向阀（止回阀）进入储气罐，当排气压力达到额定压力 0.7MPa 时，由压力开关控制而自动停机。当储气罐压力降至 0.5 ～ 0.6MPa 时，压力开关自动连接起动。

容积式压缩机

速度式压缩机

三 干燥设备如此简单

（1）对流式干燥设备	大多是采用蒸汽、电热、燃油热风发生器，利用废油喷烧等方式间接加热，从而使涂层的表面干燥。
（2）辐射式干燥设备	是将热能转变为各种波长的电磁振动的辐射能，利用辐射能来使涂膜干燥。常用的设备有红外线干燥设备等。
（3）感应式干燥设备	是利用电磁感应加热，常用的有高频加热器等。在汽车行业中常用的干燥设备有电热烘箱、烘干室、烤漆房等。

辐射式干燥设备

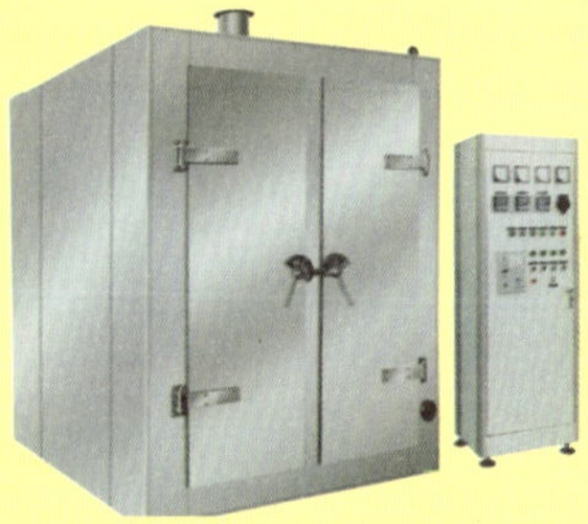

电热烘箱

烤漆房

烘干室

四 辅助工具作用大

种类	简介	图例
钢丝刷	主要应用在汽车钣金表面的除锈工作中，用来保证原子灰或底漆在金属表面有优良的附着力	
腻子板	原子灰应在腻子板上搅拌均匀后再进行涂抹，避免出现涂抹后原子灰闪干不均或脱落等现象	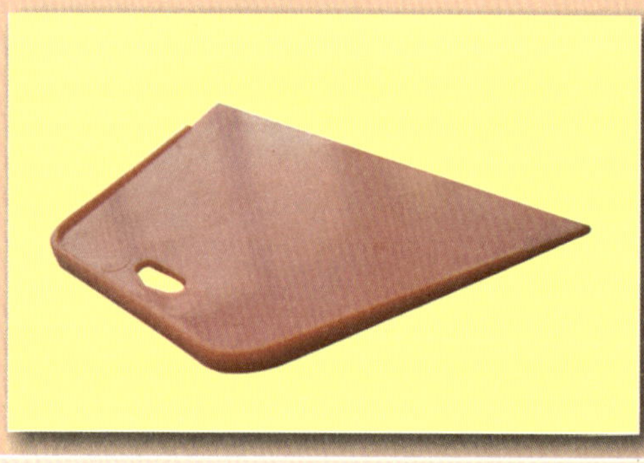
钢刮片	应用在填补原子灰时，熟练掌握刮抹方法可使修磨时间大大减少。还需修磨垫板，通常是自制扁木块，能配合各种型号不同的砂纸修磨大面积填补的原子灰及高填补率底漆	
砂纸	应用在原子灰或底漆闪干后的修磨中，可给喷涂修补面漆提供良好的基底	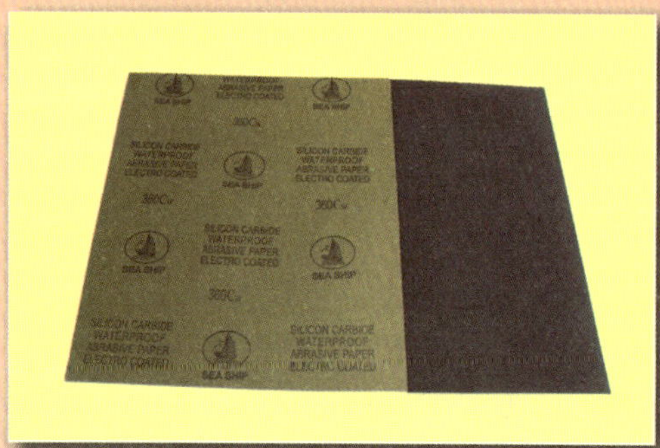

五　使用喷枪要注意

喷枪有很多种类和型号，通常有以下几种分类方法：按喷嘴类型分为对嘴式喷枪和扁嘴式喷枪两种；按供漆方式有虹吸式、重力式、压送式三种。维修企业要根据施工对象的不同来选择喷枪。对于普通客车、货车的漆面喷涂，可以选用 PQ—1 型国产喷枪，其价格较低，且便于进行维护。如果在施工中对涂装质量要求较高，宜选用国产扁嘴虹吸式喷枪或进口喷枪。

要根据维修施工作业量大小来选择大、中、小型喷枪。小型喷枪的出漆量少于 100g/min，中型喷枪每分钟的出漆量在 180g 左右，大型喷枪每分钟的出漆量在 200g 以上。通常来说，多采用大口径喷枪来喷涂底漆，喷涂中间涂层时多采用中口径喷枪，喷涂面漆时多采用小口径喷枪。在专门漆面修补施工中，也可选用专门的修补用喷枪。

只有喷枪是无法实现涂装施工的，还需要按照涂装施工的条件和要求，选配适合的空气压缩机、空气过滤器及导气软管，具体配置时可参照不同喷枪的有关说明进行。

虹吸式喷枪

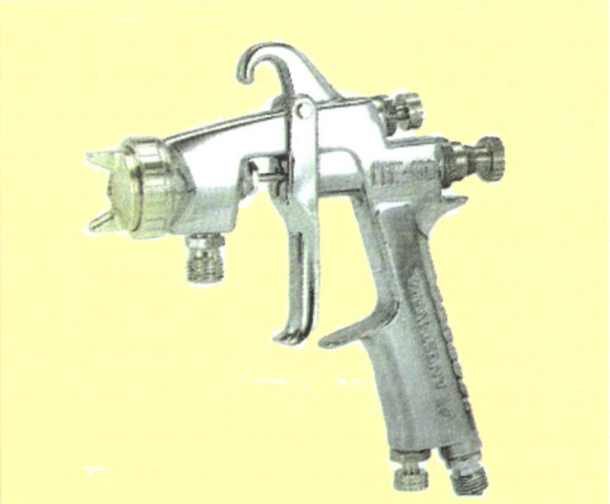
重力式喷枪

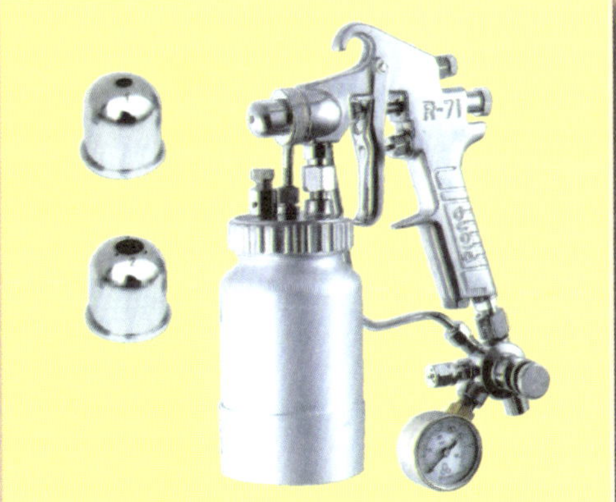

压送式喷枪

PQ—1 型国产喷枪

入门关键：

为什么漆面需要做美容呢？首先，对于新车，漆面比较娇嫩、容易被划伤、漆面容易老化失光，新车美容可以避免或降低以上现象的发生，并延长车漆寿命；第二，对于在用车，由于长期被紫外线照射、用劣质洗车液洗车、不规范抛光养护、漆面划伤等，使漆面老化失光，硬度和亮度下降，寿命缩短，影响车体美观。

第五章

打铁还需自身硬——要掌握漆面美容与修复技术

第一节　会洗车是第一要务

绝大多数车主一定会为新车先做室内装饰，但却忽视了外部车漆，也就是车体本身最需要养护的地方。如果不注意首次车面养护或开蜡不得当，将会给日后的用车、养车带来麻烦。

新车漆面虽无老化问题，但在使用前也应该做彻底的保护处理，因为从出厂到运输到停车场，车面漆已经接触了空气、酸气、灰沙等，并开始进入了氧化过程，及时正确的养护，将会使爱车青春永驻。

第一次清洗爱车马虎不得，如果清洗不当，损伤了外表的亮油部分，那车就不是越洗越亮，而是越洗越暗了。最好是去室内无尘手工洗车房，选用中性温和的洗涤剂，必须把车漆表面的沙粒、污垢清除干净。据汽车美容专家介绍，有些污垢是用肉眼看不出来的，像树胶、碱、酸等都应该彻底清除。简单地用洗涤剂是去不掉这些污垢的，必须用专用去污黏土一点点地擦拭。

全车清洗完毕后，可再用振抛机将“釉”封入车漆。封完釉的车在一年之内不用再打蜡，只用清水清洗后再用干净的麂皮擦干即可，而且能防氧化、防紫外线、保护车漆不会褪色，有一种永驾新车的感觉。最后，必须在轮胎、保险杠、轮眉等部位涂上相应的保护剂，以防老化。

一　准备洗车用具

水桶、洗车巾、洗车海绵、轮胎光亮剂、水枪、长水管、快接头

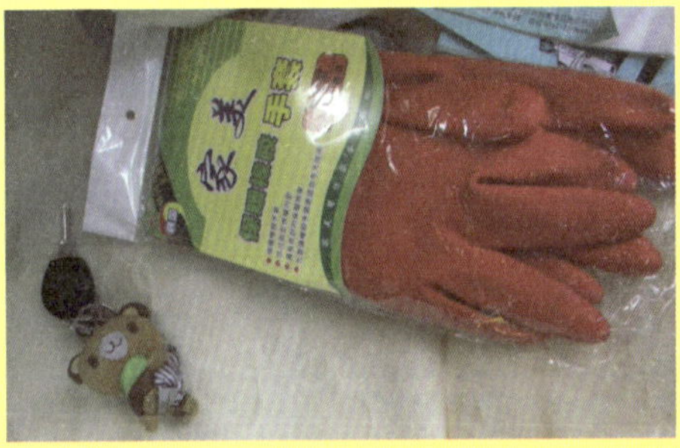

带绒毛的橡胶手套，以防冬天洗车时冻手

清洁剂，不能用清洁精、洗衣粉之类的清洗剂，会伤车漆

一瓶表板蜡，可清洁塑料、轮毂等物件

二 如何连接水枪

水管两端要分别安装这种快接头

装好快接头

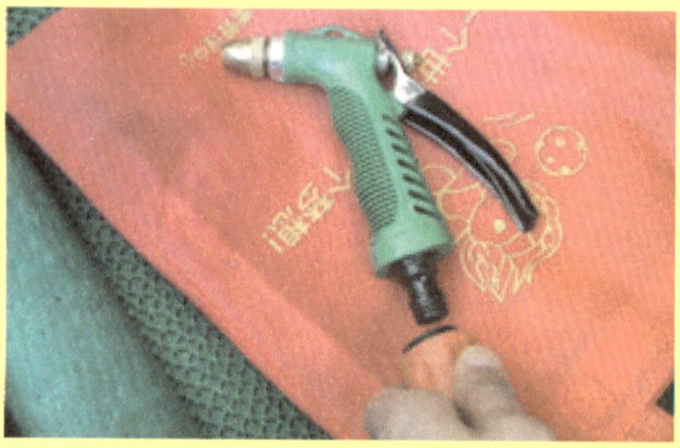

用快接头与水枪连接

将水枪与快接头连接紧

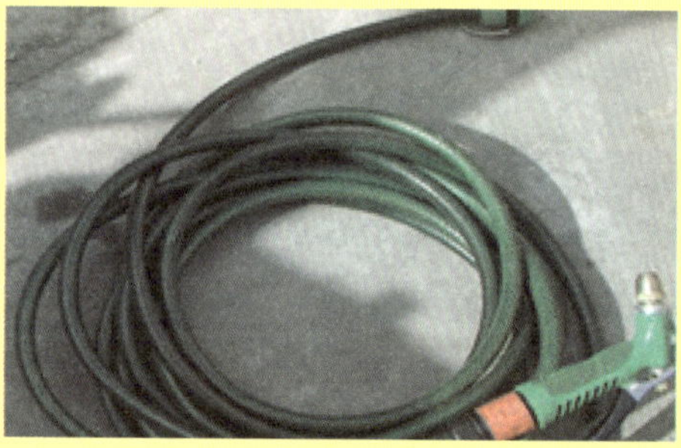

两头都装好了快接头的水管

这是水龙接头

水管的另一端也接上快接头并与水龙头连接

三　车身如何清洗

先用水枪把全车冲洗一下，记得应该先冲车顶，然后是车头、车尾，再是两侧，最后是轮胎、轮毂

先倒少许洗车粉入水桶之中，然后用水枪冲水，并不断晃动手腕，使洗车粉溶解均匀且泡沫丰富

冲出泡沫后的效果

把洗车海绵放进去，充分吸收，然后开始洗车

先从车顶开始洗

然后再是车头和车尾

车身洗完之后，再用刷子蘸上洗车液

用刷子把轮胎和轮毂洗刷干净

用刷子把轮胎和轮毂洗刷干净

用高压水枪冲去泡沫

全车都用洗车液和海绵洗一遍后，接着用水枪把全车冲洗干净

再把轮胎和轮毂仔细冲洗干净

全车冲洗干净后，要记得避免日光直接照射车身，因为小水珠会聚在车身上，就宛如一个个小凸透镜一般，把阳光聚集在一起，产生巨大的热能，时间长了会对车漆造成很大的影响

擦拭

两人合作大致擦拭车上的水分

开始用另一块干的洗车巾擦干车上的水，如果用麂皮巾或大号的洗车巾效果更好，顺序也是从上到下

车身下沿可能还有不少的细泥污垢，擦的时候一定要注意。洗车巾要多清洗，避免因毛巾上带有泥沙，而在擦拭车身的时候对车漆造成磨损

打开行李箱，把其四周边沿也要擦拭干净

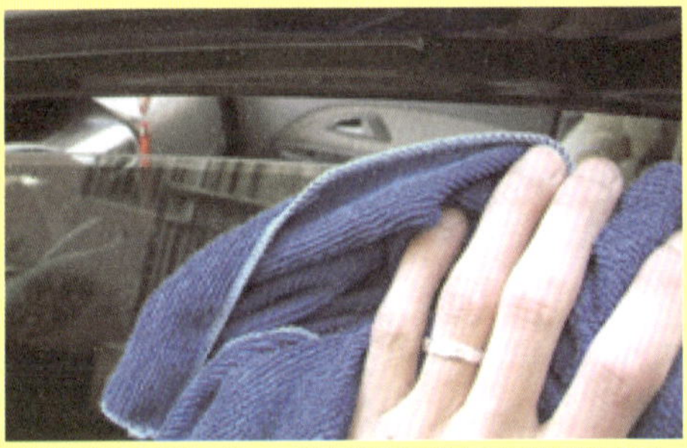

把玻璃往下摇一点，才能擦到原先没有洗到的地方

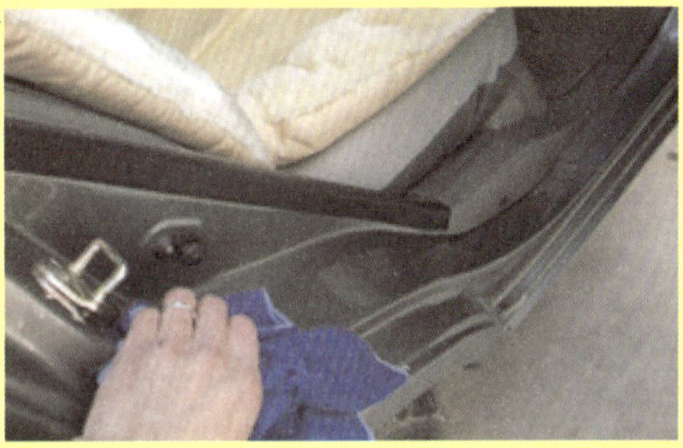

四个车门都要打开，把内沿清洁一下

擦净刮水器

全车擦好后的效果，干净多了

轮胎备养

如果轮胎的光泽度很差

用轮胎光亮剂喷一喷，效果会好很多

车内清洁

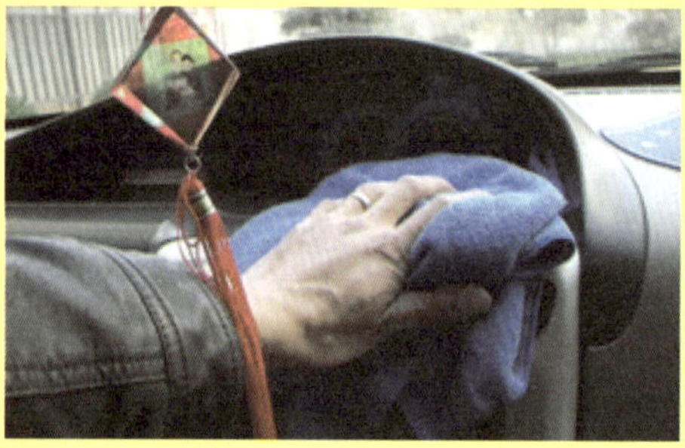

清洁车内

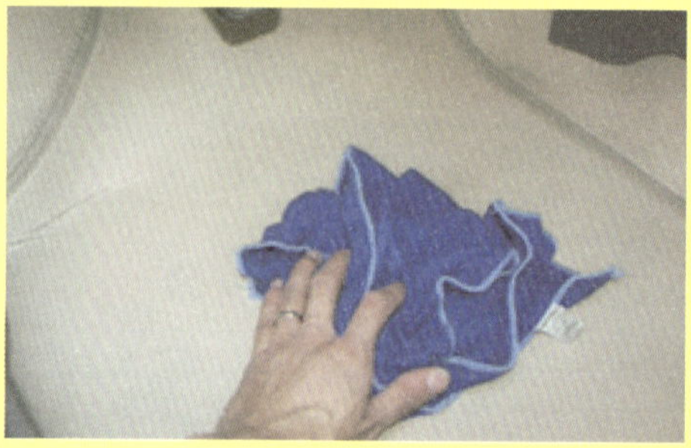

换一条干净的专用毛巾

先对着仪表板、车门、内饰等地方喷一喷

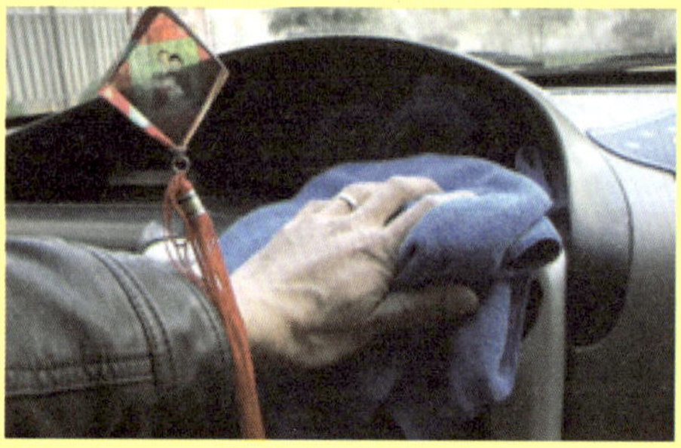

再用干毛巾抛一下光，感觉会好很多

用吸尘器将隐蔽部位吸干净

用吸尘器将隐蔽部位吸干净

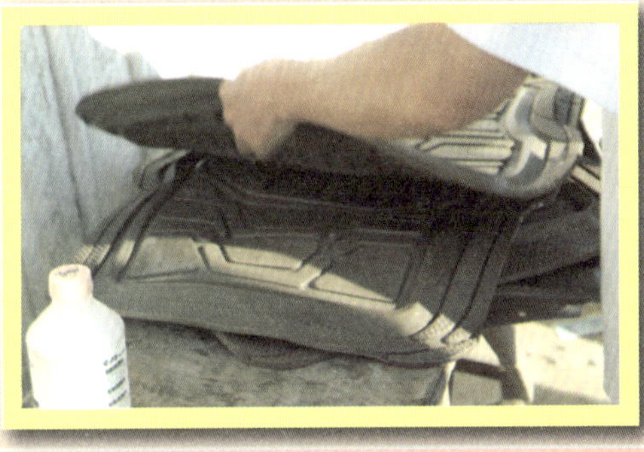

如果有脚垫，可以取出来用水枪冲洗；但要用毛巾来清洁地胶

四 洗车有哪些技巧

每位车主都希望自己的爱车能每天保持光鲜亮丽的外表，这样每天自己看到它时才会有个好心情，开出去也会很吸引眼球。可随着使用的增加和外界的因素，自己爱车经常会变成“小花脸”，再加上不及时清理和保养，想让它保持新车的光鲜亮丽是不可能的。这里给大家总结几个洗车小技巧，大家快来试试增加自己爱车的光鲜度吧。

（1）若不锈钢饰条有锈斑时，可用去污黏土除去锈斑，再以除垢剂擦亮。

（2）当车身上沾有泥污时，应用清洗剂以海绵擦洗全车，再用清水冲洗、擦干。

（3）若轮胎、钢圈上沾有油污时，可先用除垢剂或清洗剂对其加以清洗，再喷上轮胎保养剂，即可拥有乌黑亮丽的轮胎和光亮如新的钢圈。

（4）车身上沾有油污时，可将除垢剂喷在油污处使其溶化，再以清洗剂清洗即可除去。

（5）全车身被清洗干净后，不要忘了用湿毛巾沾上保养乳液擦拭全车，这样一来，再用干毛巾擦拭就可使车身亮丽光滑。

（6）当保险杠上沾有油污或出现泛白现象时，可先用清洗剂以硬刷清洗，待干后再喷上皮革保养剂，保险杠就会光亮如新。

（7）洗车前先将发动机熄火，避免因发动机过热而烘干清洗剂洗过的地方。在烈日下或高温天气时，应避免一下子清洗太大的面积。在使用清洗剂后，应马上用水冲洗车身，以免清洗剂被烘干后在车身上留下痕迹。

（8）若车身表面摸起来有粗糙感，则表明其已被碳粒子或污粒所黏附，此时可使用去污黏土来加以清除。在研磨时，必须加上充分的水来粘取污粒，恢复原来的光滑表面。

（9）当车窗上有污粒时，可先用去污黏土处理，再用玻璃清洁剂擦拭即可。

（10）平时隔 2 ～ 3 天应用清水清洗汽车 1 次。如遇下雨天，则须每天清洗 1 次，或在天晴后立即将汽车清洗干净。

第二节　打好学习漆面美容的基础

一　汽车漆面美容主要学习哪些内容

项目	基本内容
漆面失光处理	经过风吹雨打、太阳的照射、有害物质的侵蚀及一些人为因素后，漆面会渐渐失去原有的光泽。解决此类问题一般可采用特殊处理工艺与方法，并配合专门的护理用品，可以有效去除失光，使漆面亮丽如新  漆面失光  经过处理后的漆面亮丽如新
漆面浅划痕处理	在使用汽车时，若车身经常与外界物质发生摩擦或保养护理不得当，时间久了会有轻微的划痕出现在漆面上，划痕虽浅且未露出底漆，但在阳光照射下就会被看得一清二楚。去除出现在漆面的浅划痕时，通常采用抛光研磨的方法  漆面浅划痕
漆面深划痕处理	深至底漆层的划痕就是深划痕，用手试摸深划痕的表面，会有明显刮手的感觉。汽车漆面划痕多为硬性划伤所致，需要及时处理，否则，不仅汽车的美观受到影响，还容易使漆面产生腐蚀，减小车身钣金的使用寿命。现在在汽车美容行业中，处理深划痕时，通常采用喷涂修复的方法  车身划痕

项目	基本内容
局部或整车喷涂修复	对汽车局部或整车进行的漆面喷涂作业就是喷涂修复。在汽车车身损伤较重，一般的美容手段无法恢复时，通常采用喷涂修复。漆面的喷涂作业对厂房、设备及技术的要求最为严格，如果汽车漆面有严重划伤、破损及腐蚀失光等现象出现时，都可采用喷漆工艺，使汽车车身还原亮丽本色  喷漆

二　漆面美容有什么好处

类别	主要作用
防紫外线、抗高温作用	车漆表面经过专业漆面美容处理过后，会有一层具有保护性质的膜产生，这层保护膜可有效地反射来自不同方向的入射光。另外，因为这些产品本身的材料就有抗高温的特性，比如ARC漆面保护膜可以抗1300℃的高温，因此，如果车漆经过专业的漆面美容处理后，就在一定程度上具有了防紫外线、抗高温的能力
防静电作用	行驶中的汽车的车身表面会和空气气流发生相对摩擦，极易产生静电。当产生静电后，汽车的表面就会吸附上空气中的灰尘。在对漆面进行专业美容养护处理后，车身表面与空气气流之间就会形成一层隔离层，从而使静电的影响消除或减小。有人做过这样一个试验：让一辆打过蜡的车与另一辆没有打过蜡的车在同一路段行驶同样的距离，结果发现，两辆车外表吸附灰尘的程度明显不同。打过蜡的车身表面上的灰尘很少，而且很容易被清除掉；而没有打过蜡的车身表面上却覆盖着一层厚厚的灰尘，不仅难以清除，而且清除之后还会留有明显的痕迹。这个试验说明，对车身表面进行美容养护处理对消除或减小静电的影响、使车身保持整洁具有重要的作用
美化城市环境	汽车美容使道路上行驶的汽车不再容易有灰尘污垢堆积，漆面也不再单调暗淡，也不再有锈迹斑斑的车辆，这对于美化一个城市的环境是非常重要的
美观作用	可以说车漆就是汽车的皮肤。对于人来说，皮肤白皙、细嫩、有光泽、有弹性就会给人一种青春和有朝气的感觉。同理，一辆车是新还是旧、是否美观，很大程度上取决于它的车漆。对车漆进行专业的美容养护，可以改善车漆表面的光亮程度、增添靓丽的光彩

三 神奇的条痕消除方法

类别	操作方法
发丝痕和轻度条痕的消除方法	1）把车体表面的发丝痕用脱蜡洗车液清除干净 2）选择合适的油漆，如透明漆、专用漆或普通漆，并配合专用研磨剂在发丝痕上研磨 3）研磨后，清洗干净经研磨变色的研磨剂，再用抛光剂和还原剂进行抛光和还原，随后用防静电海绵去除残留物。最后，涂上保护性上光蜡  漆面研磨
中度条痕的消除方法	1）把车体表面的中度条痕用脱蜡洗车液清除干净 2）用毛笔、漆笔或喷枪将底漆在条痕处涂抹均匀，涂 2～3 层 3）把条痕周围的污垢和残蜡用脱蜡洗车液彻底清除掉，确定汽车的漆号，通过电子调漆机把相应的条痕漆找出来 4）在废金属板上试喷用喷枪调制好的漆，直到喷射均匀，然后使喷枪与条痕相距大约 7cm，开始喷漆，每隔 3min 左右喷一次，直到把条痕全部填平即可停止 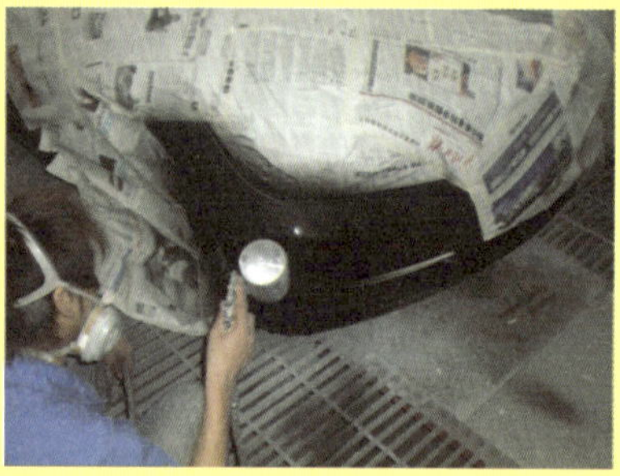 局部喷漆
	5）擦掉溅出条痕的油漆，待漆干后，用研磨剂磨平新喷的漆
	6）洗掉经研磨后变色的研磨剂，再用还原剂进行还原，并用防静电海绵把残留物清除掉
	7）涂上保护性上光蜡，并用手提式打蜡机进行处理
深度条痕的消除方法	1）将条痕中的残蜡用脱蜡洗车液清除干净，然后把条痕棱角用 600 号砂纸磨圆，再在条痕处涂上含有原子灰的底漆，大约涂 3 层左右，把条痕周围的污垢和残蜡用脱蜡洗车液彻底清除，确定汽车的漆号，通过电子调漆机进行配漆 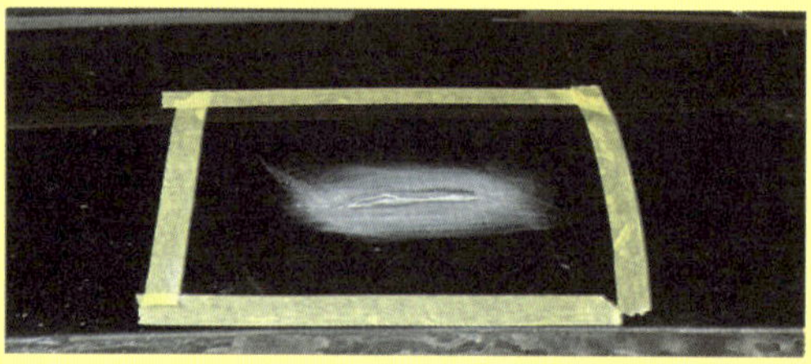 用 600 号砂纸磨圆条痕棱角
	2）在废金属板上用喷枪试喷调制好的漆，直到喷射均匀后，使喷枪与条痕相距大约 7cm，开始喷漆，每隔 3min 左右喷一次，直到把条痕全部填平即可停止
	3）擦掉溅出条痕的漆，待漆干后，将新喷的漆用研磨剂磨平
	4）磨平后，清洗干净研磨后变色的研磨剂，然后用还原剂还原，接着用防静电海绵清除掉残留物
	5）涂上保护性上光蜡，用手提式打蜡机进行处理

类别	操作方法
严重条痕	1）将有严重条痕的整块面积用深切研磨剂研磨，随后把严重条痕处用 80~150 号水砂纸磨出约 0.75cm 宽的金属层，再把严重条痕用脱蜡水或溶剂清洗干净并晾干 2）在金属层上覆盖速干原子灰，待原子灰干后，把原子灰用 100 号干砂纸打平，再一次用脱蜡洗车液把条痕擦净 3）为避免完好的漆面产生损坏，应将无需喷漆处用专用胶纸贴盖住，然后用喷枪轻轻喷两层底漆，干后把底漆用 600 号砂纸磨平，随后把底漆周围部分用 1500 号砂纸磨平，擦干净溶剂。此时，底漆才可被预先调好的彩色漆薄薄地覆盖住，每隔 8min 左右喷 1 层浓漆，共喷 3~5 层，每层向外延伸 3.5 ～ 7cm 4）漆风干后，用透明漆和溶剂在喷漆处进行研磨，再拿掉所有贴盖住的专用胶纸，随后用防静电海绵把残留物清理掉。最后，涂上保护性上光蜡

第三节 这样才能学会漆面美容修复技术

一 教你漆面失光的处理方法

1. 漆面失光的原因

类别	原因
自然因素	风沙的吹打；雨雪的冲击；橡胶、油污；排放在大气中的各种工业排放物；酸、碱及阳光的照射等
人为因素	使用碱性清洗剂洗车；新车开蜡用品选择不当；清洗程序不对；忽略了日常的打蜡保护，使紫外线、有害物质等侵蚀漆面；擦洗工具选择不当，导致漆面有微小划痕产生；汽车涂装材料不达标等
透镜效应	当车身表面有小水滴时，因水滴呈扁平凸透镜状，当有阳光照射时，会聚焦日光，焦点的温度高达 800 ～ 1000℃。此时，漆面会被灼烧，出现肉眼难以发现的小洞，有些甚至会深达金属基材。若有较大的灼伤范围和分布密度，漆面就会出现很严重的失光
“交通膜”的影响	运行中的汽车会因车身漆面和空气摩擦而在其表面形成静电层，这就是“交通膜”。灰尘和有害气体等腐蚀性物质极易被“交通膜”吸附，使车身表面褪色、失光

2. 漆面失光的处理方法

类别	处理方法
打磨、抛光	对轻度自然老化及浅划痕导致的褪色、失光，用放大镜可观察到漆面斑点较小。若漆面失光是由上述原因导致的，可先清洗打磨，消除表层的褪色、失光，随后再上蜡抛光

类别	处理方法	
打磨、抛光	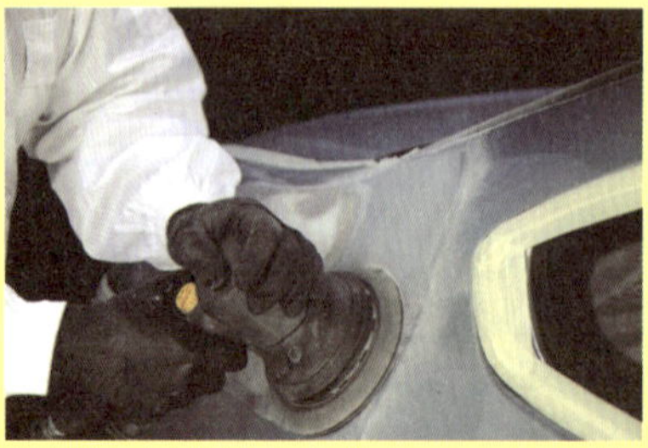 打磨	 抛光
上有色蜡	上有色蜡的作用主要是增色。有色蜡又称彩蜡，属于单种聚合蜡，内有少量彩釉，能使同色系车辆的车漆更加靓丽。因彩蜡的功能有增色、添补及遮盖等，所以能还原褪色、失光的表面漆膜	
	 有色蜡	 上蜡
漆膜翻修	对于严重自然老化及透镜效应引起的褪色、失光，可认真用放大镜观察漆面，若发现有较多的斑点在漆面上，则表明漆面受到了严重的侵蚀。若漆面失光是由上述原因导致的，则对漆膜要进行重新涂装翻新施工	

3. 漆面褪色、失光的防治

使漆膜褪色、失光速度延缓的重要措施是对漆膜进行及时、科学的维护。

序号	防治方法	
1	清洗汽车时要采用优质清洗剂和正确的清洗方法，从而使漆膜表面的有害物质能被及时清除	
	 自动洗车	 人工洗车

序号	防治方法
2	雨、雾天过后，要及时把漆膜表面的积雪和水滴冲洗干净，以避免产生透镜效应  车身上的积雪  擦洗车身上的积雪
3	采用优质车蜡对漆膜表面及时进行上光打蜡，使漆膜表面形成上层保护层，以阻断漆膜接触空气，避免氧化、腐蚀 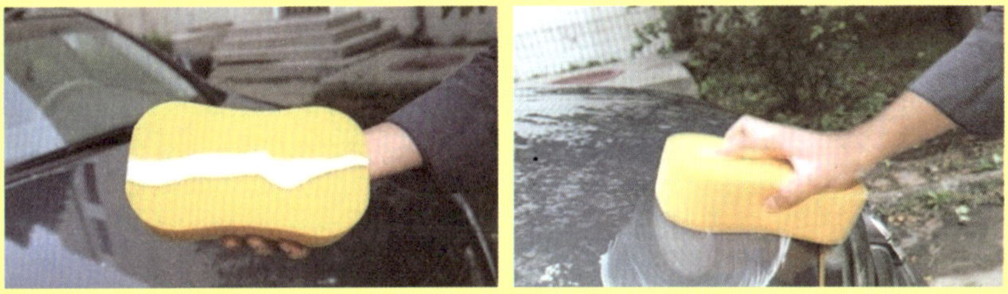 上蜡
4	改善汽车停放的环境，避免自然侵袭。例如：尽量不要在树下停车，以免树上掉下来的虫屎、鸟粪沾污车漆  尽量不要把爱车停在树下  尽量将车停放在地下车库
5	为避免产生“交通膜”，要安装汽车防静电装置 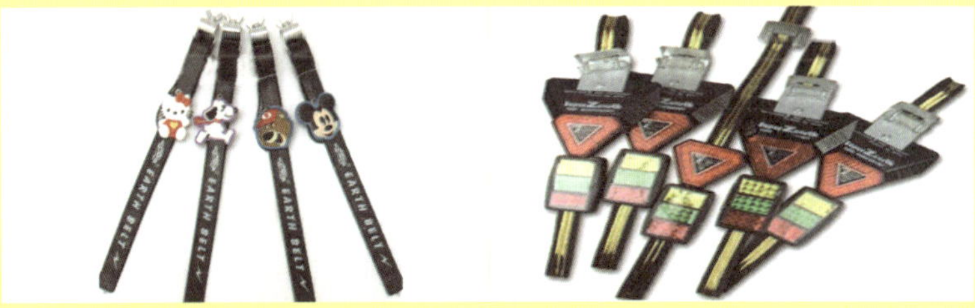 防静电装置

二 教你漆面划痕的处理方法

类别	处理方法
浅度划痕	浅度划痕可先用砂纸打磨，把杂质和锈迹清除掉，然后再对漆面进行还原、上蜡处理，最后对其进行抛光处理，直到漆膜平整、光亮为止
无法用研磨的方法修复中、深度划痕	若小面积的凹度在 5mm 以下，可通过填补腻子找平，再做补漆处理。如果划痕处有金属外露，则要先把表面涂层的铁锈、焊渣清除掉，打磨平整，再把具有防锈效果的氧化中和剂涂抹上，喷涂底油，然后重复喷漆、晾干、打磨的过程
变形较重	当变形较严重时，则要用钣金来处理，划痕的处理对技师的技术有较高的要求。应先将变形严重的车壳用钣金修复机小面积逐一修理平整。重要的是，技师要有丰富的经验和高超手艺，才能修复平整变形较严重的部分，之后再重复磨灰、喷漆等工序，令车身亮丽如新

三 教你汽车面漆的镜面处理方法

1. 镜面处理材料

在抛光漆面时，如果使用砂纸与粗蜡，车漆的镜面效果是很难形成的。因此必须使用汽车漆护理材料来进行汽车漆面的镜面处理。现在通常采用的是原子灰和抛光剂，且抛光剂是最佳的镜面处理材料。

原子灰

抛光剂

抛光剂也是一种含颗粒更细的摩擦材料的研磨剂。抛光剂根据摩擦材料颗粒或功效的大小来分类，可**分为微抛、中抛和深抛三种**。除去极轻微的漆损伤时用微抛，通常刚刚发生的（几天内）环境污染及酸性侵蚀类的轻微损伤可用含抛光剂的蜡来取代微抛；处理不同程度的发丝划痕主要用中抛和深抛。此外，透明漆的效果用中抛会更好些，而普通漆用深抛则来得更快。

通常，就抛光剂与还原剂就所含的摩擦材料看，它们是同一类别的材料，但两者的主要区别是：还原剂含上光材料（上光剂或蜡），而抛光剂则不含。是否含有上光材料，对汽车车漆产生“镜面效果”有很重要的作用。

2. 镜面处理的途径

要提高汽车漆漆面的光泽度，以达到“镜面效果”而进行抛光的途径主要有：

1）借助研磨和摩擦材料的力量，把细微划痕硬性地去掉。

2）借助蜡的功效，在一定程度的抛光后，靠蜡的光泽来弥补抛光的缺陷。

3）借助化学反应，即靠调整抛光机的转速，使抛光剂产生化学反应。

初学者使用较多的主要是前两种方法。由于初学者还不太了解抛光机的转速、抛光头的材料（全毛材料、混纺材料、海绵材料及全棉材料等）、对漆的结构和抛光剂的功效之间的关系缺乏经验，因此对抛光的要求也不要太高，不必要求太光，在涂上蜡后漆面就会显得非常光亮，但这种光是虚光，它无法达到最终的镜面效果，其光泽也没有深度。而且它只能保持很短的时间，因为它的光泽是来自蜡，而不是漆。再好的蜡，充其量也只能保持两三个月的光亮。等蜡失去了光泽，汽车漆面的光也就随之消失了。

所以，只有第三种方法才能真正产生良好的镜面效果，即用抛光机转速产生的热量使汽车漆与抛光剂之间产生一种能量、一种化学反应，来使细微划痕消除，显示出汽车漆的车身光泽，然后再施加上光蜡让汽车更有亮光。

汽车漆越亮，蜡的光泽也就保持得越长。但在运用此种方法时，也有一定的难度和技巧，要摸索出是何种漆、使用何种速度、用何种抛光剂配何种抛光头、施加多大压力等。只有经过不断的试验与实践后，才能真正掌握汽车漆面的镜面处理技巧与艺术，达到使车主满意的“镜面效果”。

四 学习处理汽车旧漆面“皮肤病”

汽车作为人们的日常交通工具，经常会受到风吹雨打。时间一久，车身漆面就会逐渐粗糙、失光。还有各种因素导致的车辆剐蹭或者划伤，都会使漆面产生各种损伤。于是，汽车表面经常会出现漆面氧化、污垢、龟裂、褪色、划痕等“皮肤病”症状。针对汽车常见的“皮肤病”，汽车养护专家对症开出了“良方”，以解决广大车主的烦恼，让您的爱车完美无瑕。

汽车“皮肤”的保养很重要。

类别	形成原因及预防与处理方法
漆面氧化	**形成原因**：若汽车长时间处在太阳紫外线的照射下，会导致漆面的成分过分散失，大大降低漆面的亮度；而且由于车漆中含有金属等成分，就容易导致车漆被氧化。于是，漆面便会慢慢发白，形成氧化层，使车漆的寿命缩短。因此，车主应尽量在阴凉的地方停车或者直接给车“穿”上车衣 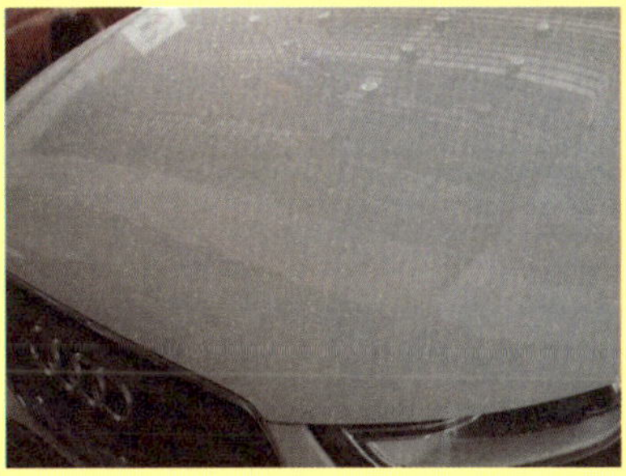 漆面氧化  “穿”上车衣的爱车 **预防**：预防漆面氧化的最好办法就是打蜡。因为蜡具有密封的效果，在车漆的表面能形成保护膜，抑制外界有害成分对车漆的氧化。打蜡也有季节之分，例如夏天就要用防紫外线的蜡

类别	形成原因及预防与处理方法
漆面氧化	**处理**：当漆面被氧化时，可以通过研磨抛光来处理。研磨抛光可去除漆面的氧化层，从而使车辆恢复原来的亮丽本色，色泽能暂时恢复到新车时的状态。同时，也可进行封釉和镀膜。封釉可以使车漆的密封度增加，而且能抵御高温和紫外线的侵害；镀膜是将车漆保护膜贴覆在车身表面，从而以隔绝的方法保护车漆。这种膜自身可以防止被外界氧化，是名副其实的“隐形车衣”  镀膜前的洗车效果  镀膜后的洗车效果  镀膜后的镜面效果
褪色	**形成原因**：造成车漆褪色、变色的主要原因就是污染物。褪色不同于氧化，氧化时车漆黯淡、发白；而褪色时，车漆会有不均匀的色差出现。引起金属漆褪色的原因是受到被污染的尘埃以及雨水中的酸、碱物的腐蚀 **预防**：不要忽略日常的护理，勤洗车可以减轻车漆褪色，也可以通过打蜡来处理轻微的褪色 **处理**：处理时一般要使用有色蜡，又称彩蜡，其主要作用是增色，可使车漆更加亮丽。具体的操作方法同其他常见的上光蜡基本相同，护理后一般可保持 1 个月。有色蜡可用于研磨处理中度褪色，若严重时则必须重新喷漆 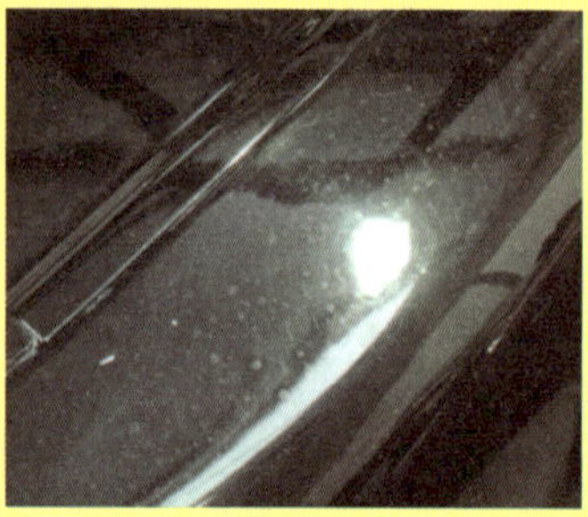 车漆褪色
交通污垢	**形成原因**：行驶中的汽车难免会粘上鸟粪、焦油等，如果它们在车体表面“逗留”时间过长，就会与车漆产生化学反应，腐蚀车身，再加上无处不在的灰尘，您的爱车就会出现“皮肤问题” 树下停车容易引来鸟粪，而鸟粪呈酸性，长留在车体上会腐蚀车漆且极不卫生，需要及时清洗。据国外“鸟粪轰炸”调查排行榜：吸引鸟粪最多的是红色车，占 18%，其次为蓝、白、灰或银，绿色最低。看到停车位地表上鸟粪斑迹多的，还是尽量避让吧，远离“愤怒的小鸟”  满是鸟粪的车身

类别	形成原因及预防与处理方法
交通污垢	**预防**：在日常护理中要牢记打蜡，宜每月打 1 次蜡，而且应在雨前进行，防止密封作用失效。一层薄蜡膜的作用不可小视，它能提前为以后清理车上的污垢作铺垫，省时省力
	处理：清除时，先按一定比例稀释专业洗涤液，用海绵直接将其涂在车身上，然后用水冲去泡沫，再用专用的清洁软布擦干。清洁时不能使用洗衣粉、洗洁精和毛巾等。切记，一定要彻底清除干净泥沙
龟裂	**形成原因**：如果平时不对漆面做一些必要的护理，金属漆就可能会产生一种非常细微的裂痕，并会不断地渗透车漆，直至“击穿”整个色漆层，这种现象叫作“龟裂”，一般发生在金属漆上。在龟裂的初期，肉眼很难发现，当肉眼能觉察到时就已经比较严重了 **预防**：定期镀膜可减少龟裂的产生 **处理**：只能彻底去漆，研磨至金属表面，再重新涂装  车漆龟裂

第四节　紧盯汽车打蜡技术的要领及注意事项

作为汽车美容的传统项目，**防水、防酸雨是打蜡的首要作用。车蜡会降低车身水滴的附着量，且有十分明显的效果**，可达 50% ～ 90%。其次是能抵御高温和紫外线的侵害，在外界高温的长期作用下，汽车在外行驶或存放很容易受到影响而使车漆老化、褪色，而打蜡形成的薄膜可以反射部分的照射光线，有效防止车漆出现老化现象。再次就是车蜡可以防静电，也可同时防尘。行驶中的汽车与空气摩擦产生静电，而车蜡则可以有效地隔断车身与空气、尘埃间的摩擦。静电减少了，车身表面自然少了吸附的灰尘。而且车蜡还能起到上光的作用，使汽车显得更加靓丽多彩。

一　选对车蜡必须遵循的原则

类别	基本内容
根据车蜡的作用选择	因车辆的行驶环境不同，所以在选择车蜡时应重视对车漆的保护。如沿海地区选用防盐雾功能较强的车蜡为宜，而防酸雨功能较强的车蜡宜用于经常在化学工业区行驶的车辆，多雨地区选用防水性能优良的车蜡为宜，防紫外线、抗高温性能优良的车蜡宜用在光照好的地区
根据漆面的质量选择	中、高档车有质量较好的漆面，最好选用高档车蜡；普通轿车或其他车辆，可选用一般车蜡
根据漆面的新旧选择	新车或新喷漆的车辆应选用上光蜡，以保持车身的光泽和颜色；而旧车或漆面有漫射光痕的车辆可用研磨蜡进行抛光处理，然后再用上光蜡上光

类别	基本内容
根据季节不同来选择	通常夏季光照较强，宜选用防高温、防紫外线能力强的车蜡
根据车辆行驶环境来选择	若汽车经常在泥泞、尘土、砾石等恶劣道路环境中行驶，则宜用保护功能较强的硅酮树脂蜡
考虑与车漆颜色相适应	若汽车的车漆呈黑色，宜选用黑色、红色、绿色系列的车蜡；若车漆呈浅色，则宜选用银色、白色、珍珠色系列的车蜡

二 打蜡就该这么做

序号	程序	操作要点	
1	准备用品	 丝光蜡	 鹿皮，有利于吸水
		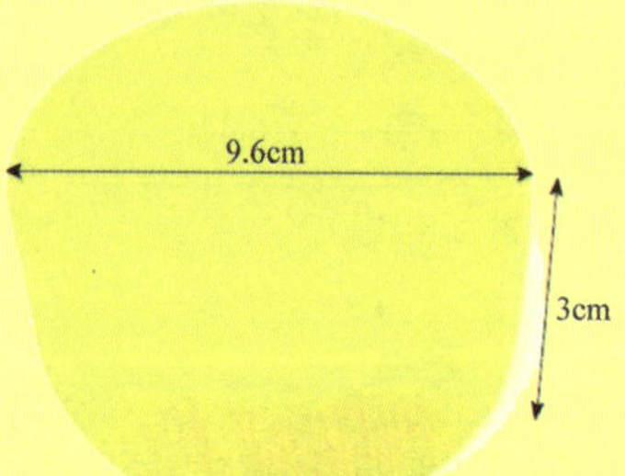 打蜡用海绵	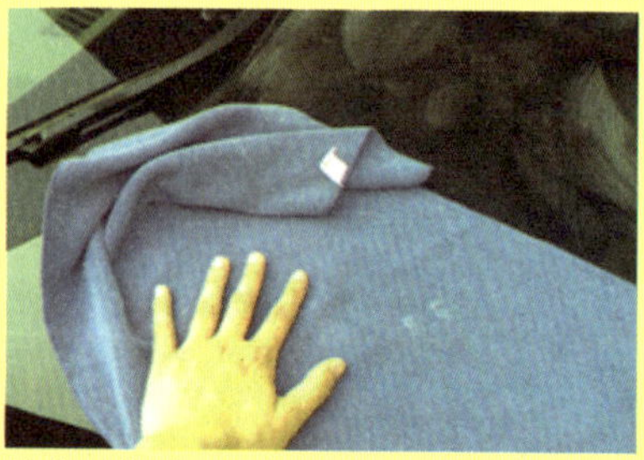 纳米毛巾（可以多备几条，在不同情况下使用）
		 抛光打蜡机	 车用清洗剂

序号	程序	操作要点
1	准备用品	 研磨剂 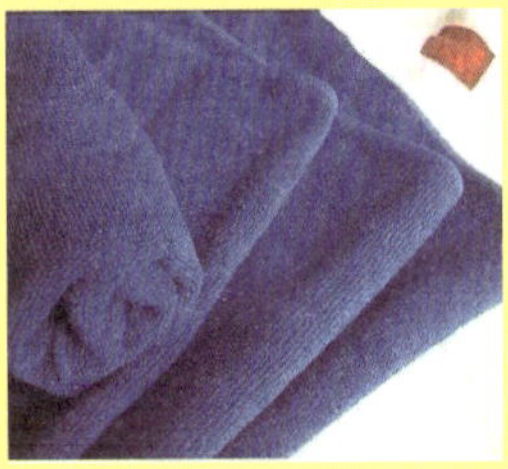 擦车棉布
2	汽车清洗	必须对车辆进行彻底清洗后，才能进行打蜡。洗车时应**注意，切勿盲目使用洗洁精和肥皂水**，如果没有专用洗车水，可用清水将车体洗干净后再进行上蜡。如果车身表面的油漆已经褪色或氧化，则必须先把旧的和氧化了的油漆清除掉，之后才能打蜡  清洗车身  喷上专用清洗剂  冲洗干净后，用鹿皮将水擦干。 **注意**：切记不能盲目使用洗洁精和肥皂水洗车，因其中含有的氯化钠成分会侵蚀车身漆层、蜡膜和橡胶件，使车漆失去光泽并使橡胶件老化。如无专用的洗车水，可用清水清洗车辆，将车体擦干后再上蜡
3	研磨	研磨就是把老化的烤漆磨去，又称“打底”。所谓“不磨不亮”，打蜡前的打底工作对打蜡是否成功起决定作用。因为烤漆表面若凹凸不平，则很难上蜡，蜡也无法形成均匀的膜，也会很难使其磨亮。使用含有研磨剂的复合蜡进行打底处理时，最好用遮蔽用胶带把烤漆膜较薄的部分贴起来进行保护。磨光时以 30 ～ 40cm 见方为单位来磨，或将车身分成一片一片仔细来磨，如果磨得单位面积过大，就会造成涂抹不匀
4	上蜡	上蜡可分为手工上蜡和机械上蜡两种，手工上蜡简便易行，而机械上蜡则有较高的效率。无论是手工上蜡还是机械上蜡，都要保证漆面能被涂抹均匀。手工上蜡时，首先在海绵（专用打蜡海绵）上涂上适量的车蜡，然后按一定顺序往复直线涂抹，每道涂抹应与上道涂抹区域有 1/5 ～ 1/4 的重合度，以避免漏涂及保证涂抹均匀。机械上蜡时在打蜡机海绵上涂上车蜡，具体涂抹过程和手工相同，应该注意的是在边、角、棱处的涂抹应避免超出漆面，而此部分的操作过程用手工涂抹更容易把握

序号	程序	操作要点
4	上蜡	 上蜡时，应用海绵块涂上适量车蜡，并在车身上用圆弧划圈涂抹（不可把蜡液倒在车上乱涂）  一次作业要连续完成，不可涂涂停停，应直到涂满整个车身为止  5min 以后，就用纳米毛巾将白蜡擦去。由于蜡已经附着在车身上，所以要很用力地去擦才擦得干净（洗车的时候一定要将砂子冲走，否则用力擦的时候砂子会划到车身，形成划痕）  根据不同车蜡的说明，通常涂抹后 5～10min 即可进行抛光。抛光时，为确保抛光后的车表不受污染，要遵循“先上蜡后抛光”的原则。抛光作业一般用无纺布作往复直线运动，适当用力按压，以去除剩余车蜡  打蜡结束后的效果图 **注意：**车身打蜡后，在车灯、车牌、车门和行李箱等处的缝隙中会残留一些车蜡，使车身显得很不美观。若不及时擦干净这些地方的蜡垢，还可能产生锈蚀。因此，打完蜡后一定要将蜡垢彻底清除干净，这样才能得到完美的打蜡效果
5	完饰	若上蜡不匀，则会有反光现象产生。可用很干净的棉布轻轻擦拭，也可在车表的蜡上喷水将其溶解，然后再用布均匀推开

三 打蜡也要很小心

注意事项	主要内容
车蜡颜色不要混淆	黑色车有黑色专用车蜡、红色车有红色专用车蜡、白色车有白色专用车蜡，切不可乱用。这些车蜡的主要区别是去污成分不同，有些还有增艳配方。特别是对于金属漆，更不能上错车蜡

注意事项	主要内容
新车不要随便打蜡	新车本身的漆层上已有一层保护蜡，过早打蜡反而会把新车表面的原装蜡除掉，造成不必要的浪费。原装蜡一般要滞后一段时间才能真正牢固、坚硬。所以别急着给新车打蜡，三个月以后再说。三个月以后也尽量别打硬蜡
汽车打蜡时间应根据使用环境而定	车辆行驶的环境、停放的场所不同，打蜡的时间间隔也应有所不同。多在车库停放和在良好道路上行驶的车辆，每 3 ～ 4 个月打一次蜡即可；露天停放的车辆，由于风吹雨淋，最好每 2 ～ 3 个月打一次蜡。当然，当用手触摸车身感觉不光滑时，也可以再次打蜡
打蜡要选在阴凉处	应在阴凉处给汽车打蜡，以保证车体不发热。因为随着温度的升高，车蜡的附着性会变差，进而会影响打蜡质量
打蜡结束后记得清除缝隙中的车蜡	车身打蜡后，在车灯、车牌、车门和行李箱等处的缝隙中会残留一些车蜡，使车身显得很不美观。若不及时擦干净这些地方的蜡垢，还可能产生锈蚀。因此，打完蜡后一定要将蜡垢彻底清除干净，这样才能得到完美的打蜡效果
经常洗车打蜡并不一定好	经常洗车打蜡保持汽车的干净卫生当然好，但对发动机和车体的好坏没有本质上的好处。发动机不会因为你把外表洗得很干净就把故障率降低。相反，如果经常用含有碱性的洗车液洗车，日后车漆就会黯然无光 建议常用鸡毛掸掸灰效果比较好，特别是风窗玻璃的灰要是用刮水器去刮，那么一两次就会把刮水器上的胶条磨出微小的缺口，今后刮雨就再也不会干净了。经常这样刮，还会把风窗玻璃刮花，这样就只有换玻璃了
打蜡时海绵不能太湿	打蜡时，海绵不能太干或太湿，在水中揉两下，然后拧至微干就可以了
打蜡时的擦拭范围不要太大	每次擦拭的范围不要太大，约以 30cm 为标准来回擦拭
蜡干后不要硬擦车	应在蜡未干时擦拭，如果发现蜡已经干掉了，应先喷一点儿水再擦。如果蜡干了还拼命擦，车漆不仅不会亮，相反地，还可能会因为摩擦而刮蹭车子表面，留下一道道的痕迹

第五节　一定要掌握汽车封釉的技术

封釉就是用柔软的羊毛或海绵通过震抛机的高速震动和摩擦，利用釉特有的渗透性和黏附性把釉分子强力渗透到汽车表面和油漆的缝隙中去。封釉后的车身漆面能够达到甚至超过原车漆的效果，使旧车更新、新车更亮，并同时具备抗高温、密封、抗氧化、增光、耐水洗、抗腐蚀等特点，还为以后的汽车美容、烤漆、翻新奠定了基础。**封釉是打蜡的替代品，一般封釉之后的半年之内可不用再打蜡**。

一 封釉的作用

汽车行驶在各种路面之上，很容易附着脏的东西，刚刚洗完的车开出去后不久，车漆上就会又成了灰蒙蒙的一片。而釉表面不粘、不附着的特性，使得漆面即使在恶劣和有污染的环境中也能长久保持洁净，而且还可以有效抵御温度对车漆造成的影响，漆面的硬度也可以得到大幅度的提高，具有防酸、防碱、防褪色、抗氧化、防静电、高保真等功能。新车买了之后就去封釉，可以留住车漆的艳丽光彩；旧车做封釉可以使氧化褪色的车漆还原增艳，颇有翻新的效果。车展上的样车大都经过了封釉处理，因此看起来晶莹剔透、光彩照人。

二 封釉的步骤

第一步，将车的漆面清洗干净，用干毛巾抹干水分并用风枪吹干所有藏水。

将车清洗干净

用高压风枪吹干所有藏水

第二步，用纸将车表面所有的胶条、标志、饰物、镀铬条、玻璃等进行贴封。

第三步，用海绵将研磨釉以打圈的方式均匀地涂抹在车漆面上，直至将车漆面涂抹完毕。

第四步，用新的专用研磨海绵球贴在研磨机上（转速调成 1500r 为宜），然后对漆面进行研磨，直至整车研磨完毕。

第五步，用清水将研磨过的漆面清洗干净，并用干布擦净水，并用风枪吹干藏水，保证漆面没有尘埃污染。

第六步，用小棉球将抛光釉以打圈的方式均匀地涂抹在车漆面上，直至将车漆面涂抹完毕。

第七步，用新的抛光海绵球贴在抛光机的抛光头上，然后在漆面上均匀的抛光（抛光机转速调至 2000r 为宜），在全车漆面抛光完毕后用干棉布抹擦，直至将漆面擦亮并将残留的釉物质及粉粒状抹擦干净，待风干 20min 后进入下一步。

第八步，用新的小棉球将镜面釉以打圈方式涂抹在抛光过的漆面上，直至涂抹完毕。

第九步，等待风干，然后用“小太阳灯”对涂抹过的镜面釉漆面进行均匀照射（照射距离在 20cm 为宜，切忌停留在固定位置照射），直至照射到漆面表面干燥（即表面浮现出白色粉末），待 30min 后，将专用的封釉海绵球贴在封釉机上，然后在干燥的漆面上进行振抛封釉，直至全车漆面振抛完毕。

第十步，用干净的棉布把漆面的粉末擦干净。

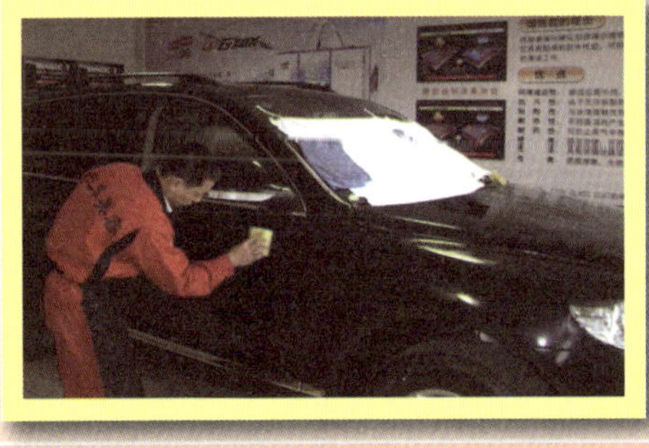

整个操作过程完成后，车身即呈现出亮丽、丝滑的感觉。

三 封釉注意事项

序号	注意事项	
1	刚封过釉的车要注意以下几方面：	
	8h之内不要用水冲洗汽车，因为在这段时间内，釉层还未完全凝结，还会继续渗透到漆层中去，如果这时冲洗就会冲掉未凝结的釉。	
2	因封釉后可防静电，所以车身有了灰尘用鸡毛掸子轻轻地拂几下就可以了，不必再用水冲洗或用抹布使劲地来回擦拭。	
3	平时不要再打蜡，因为蜡层可能会黏附在釉层表面，三年后如果再追加上釉，会因蜡层的隔离而影响封釉效果。	

封釉处理是一项新技术，汽车封釉后的一年内都无需再打蜡；清洗使用清水，然后用干净的麂皮布进行擦拭，擦干即可。封釉后的车身具有防氧化、防紫外线的功能，且能保证车漆不褪色。

入门关键：

汽车内饰美容主要分为车内美容、发动机美容、行李箱清洁等内容。其中，车内美容包括仪表板、顶棚、地毯、脚垫、座椅、座套、车门衬里的吸尘清洁保护，以及蒸气杀菌、冷暖风口除臭、车内空气净化等项目。发动机美容则包括发动机冲洗清洁、喷上光保护剂、翻新处理、三滤清洁（指的是燃油滤清器、机油滤清器、空气滤清器）等项目。

第六章

打造汽车的内在美——内饰美容

第一节 汽车内饰的清洗

一 为什么要进行内饰清洗

在汽车业逐步发展的同时，车主对汽车内饰的要求也随之提高。而潮湿的空气或水渍经常接触内饰中的地毯、真皮丝绒座椅、空调风口、行李箱等处，使得这些地方在特定的环境中极易滋生细菌，使内饰发霉变质、散发异味，进而使车主的身心健康受到严重影响。

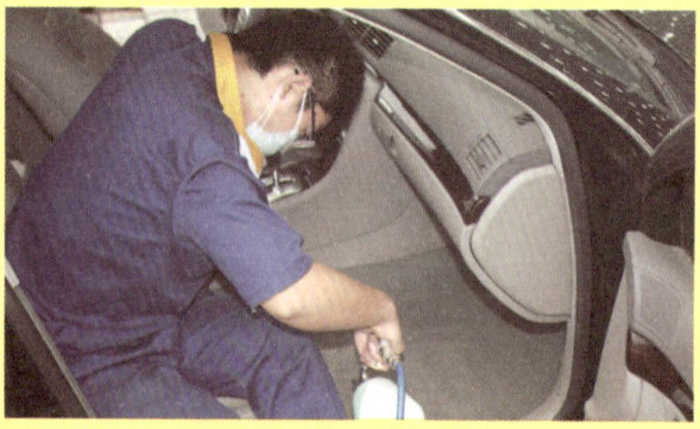

工人师傅在清洗车内地毯

真皮丝绒座椅

汽车空调风口

行李箱

车室的清洁、杀菌和除臭能有效地避免各种污垢腐蚀车室，如地毯、真皮座椅、纤维织物等，加之使用专门的保护品对塑料件、真皮及纤维品进行清洁上光保护，可使内饰件的使用周期被大大延长。

车室消毒杀菌

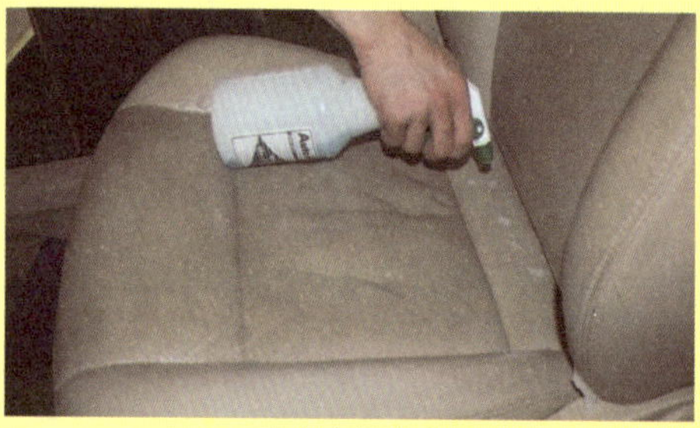

真皮座椅清洗

发动机清洁美容对汽车发动机的性能有非常大的影响。烂泥、灰尘及污物附着在发动机上，不仅会影响发动机的美观，而且还易使发动机的附件出现故障。最重要的是，发动机的散热能力会受到影响，从而加速磨损，降低使用寿命。

发动机外部清洗

冲洗水箱

二 内饰清洗很必要

汽车的内室空间比较狭小，车门的开关以及一些人为因素都会引起大量的螨虫、细菌的滋长，还会产生一些刺激性的气味。而在汽车行驶过程中，紧闭的车窗使得车内产生的异味难以排出，使人员的乘坐舒适性受到影响；在春季时还容易使人患呼吸道疾病，使驾乘人员患病的概率大大增加，甚至乘车者之间还会出现病菌的交互传染，从而影响驾驶人的安全驾驶。因此，在换季时一定要清洗内饰。

三 内饰的清洗是这样进行的

因为内室美容是一项系统细致的护理作业，所以一定要遵循合乎规范的程序。室内除尘、内饰清洁与护理及车室净化是内饰美容的基本项目。内饰美容比漆面护理的技术要求低，只要有设备，通常自己就可以动手实施。

项目	操作方法
除尘	除尘通常是用吸尘器和掸子清除内饰各部件上的灰尘。目前常见的吸尘器主要有便携型、家用型和专业型 3 种。通常，效果最好的是专业型吸尘器，且使用得较多，它的防水性较好，并且集吸尘、吸水、风干于一体，所配的专用吸嘴适合于内饰结构，易于操作，吸力大，能与内饰蒸汽机配套使用。 除尘前应首先取出车内杂物，如停车证、坐垫、脚垫等，再按从上到下的顺序进行除尘操作，其中包括前仪表板、烟灰缸、前窗、后窗、车门杂物箱、座椅、地毯、行李箱等  车室除尘

项目	操作方法
清洗	进行清洗时，根据使用设备的差异可以分为机器清洗和手工清洗两种。使用内饰蒸汽清洗机并配合多功能强力清洁剂进行清洗是机器清洗最大的特点。蒸汽清洗机能把内饰部件上很难清洗的污垢清除掉，并借助温度极高的热蒸汽使污垢软化。此方法可用于对丝绒、化纤、塑料、皮革等几乎所有内饰部件的清洗。机器清洗操作起来方便快捷，但重要的是能正确地使用清洗机。应按照部件的不同材料选择不同的温度进行操作，防止损伤部件，并要用半湿性毛巾包裹适合内饰结构的蒸汽喷头。进行手工清洗时，要配以合适的清洗剂。通常，清洗剂的溶媒应使用负离子纯净水，采用 pH 值平衡配方，主要由非离子性活性剂、油脂性溶解剂、泡沫稳定剂和香料等来组成高效的去污配方，即能把内饰表面的尘垢和各种污垢迅速清除
	当内饰不同时，其材质也会不同，清洗时要加以区别。清洗塑料制品时，应首先在塑料部件表面喷洒清洗剂，如前仪表板、天棚支架、座椅护围等；再用毛刷蘸取少量清水刷洗表面，直至完全清除细纹中的污垢为止；然后把刷掉的污垢用半湿性毛巾擦净。如果去污力效果不理想，可根据油污程度来定稀释比例，加大清洁力度，但是依然应该从轻到重，以防止失光白化现象出现
	高档轿车上的器件很多是用皮革包装或制造的，如方向盘及座椅等。清洗皮革制品时，可先把皮革上的污垢用一块湿布擦去，如果污垢较重，可用海绵蘸上稀释清洁剂进行擦拭。应该注意的是，不能随便在其上面喷洒化学清洗剂，选用的清洗剂要呈碱性。但擦拭时不可将皮革弄得太湿，以防止水沿缝合处渗入机件。用清洁剂擦洗后，应再用一块干燥的软布或毛巾将其擦干，然后把车门打开，使车内与车外的空气充分接触，从而把皮革上的水分彻底晾干。必要时，可使用皮革保护剂对即将晾干的皮革进行上光擦拭
	清洗橡胶制品时，首先在半湿毛巾上喷洒清洗剂，再用毛巾直接擦洗橡胶部件（为防止橡胶件失去亮度，切勿使用毛刷擦洗），然后再把表面的清洗剂用干净的半湿毛巾擦净。汽车使用久后，车窗内侧会出现一层雾状污垢，影响视野及能见度，若在车内吸烟，情况则会更糟糕。清洗车窗内侧时，可用软硬适度的抹布进行除尘，擦拭时要用力适当，以避免玻璃内的电热丝出现损伤。后风窗玻璃的除雾热线不可垂直擦拭，必须要沿着线的方向左右擦拭，防止造成断线。因用手难以擦到前、后风窗玻璃的下端，此时可用长尺等工具，在其前端包上纸巾或棉布进行擦拭
	现代汽车内部为了更美观舒适，多种复杂的材料都有大量的使用，其中常用的有乙烯塑料纤维等。清洗车内的特殊材质时，直接在其上面喷洒清洁剂，然后用抹布擦干净即可，最后再喷涂一层乙烯塑料式橡胶保护剂，避免内饰过早地出现老化、变脆、变硬
	下面以手工清洗为例，大致讲解一下清洗内室的步骤
	第一步：清洗外观

项目	操作方法	
清洗	第二步：拆卸座椅	

		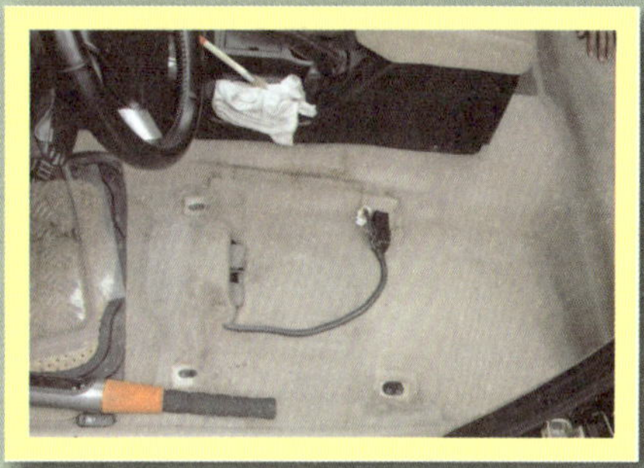
	第三步：清洗顶棚、内饰	

	注意：经常使用的汽车在时间久后，往往会有很多不太显眼的灰尘覆盖在车内顶棚上，使车顶灰蒙蒙的，感觉很不舒服。清洁时，一般先用大功率吸尘管和刷子进行大概的清洁，然后用中性的洗涤液重点清洗污垢，最后再进行全面清洁。**但必须注意的是，清洁时一定要用稍干一些的抹布**，因为顶棚内的填充物是辐热吸音的材质，有较强的吸水能力，如果洗涤剂浸湿车顶材料，就会很难干燥	

<table>
<tr><th>项目</th><th colspan="2">操作方法</th></tr>
<tr><td rowspan="9">清洗</td><td colspan="2">第四步：清洗仪表板</td></tr>
<tr><td>
先对着仪表板喷一喷</td><td>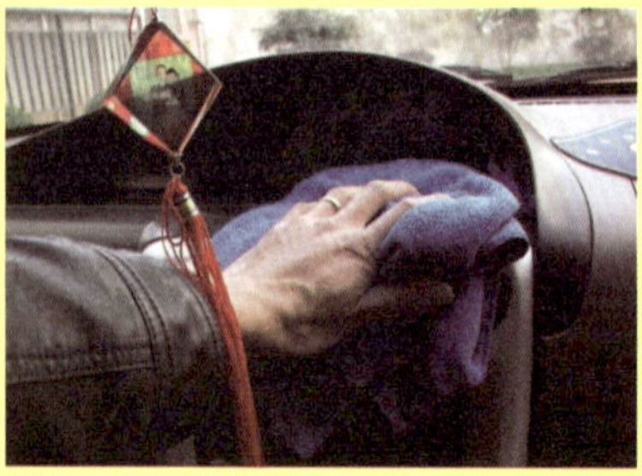
再用干毛巾擦拭</td></tr>
<tr><td colspan="2">仪表板处理的一般操作程序是：先用抹布洗净仪表板，然后再用清洁剂处理仪表板上的塑胶部分。最后使用清洁剂处理仪表板上的剩余部分。需要注意的是，在处理仪表板的过程中，应用遮阳片进行保护，避免阳光照射仪表板使其变质</td></tr>
<tr><td colspan="2">第五步：清洗方向盘、变速杆、驻车制动</td></tr>
<tr><td></td><td></td></tr>
<tr><td>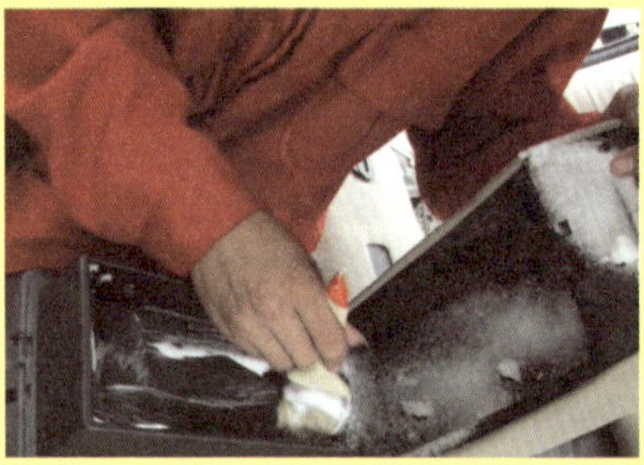</td><td>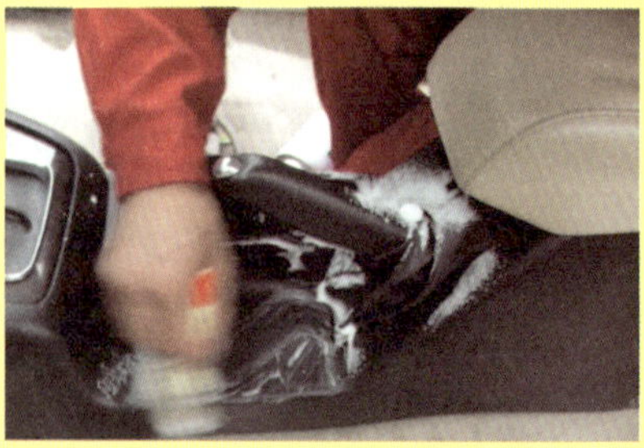</td></tr>
<tr><td>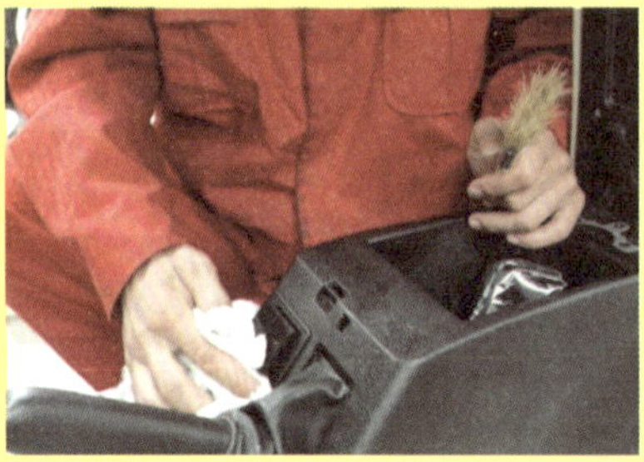</td><td></td></tr>
</table>

项目	操作方法
清洗	 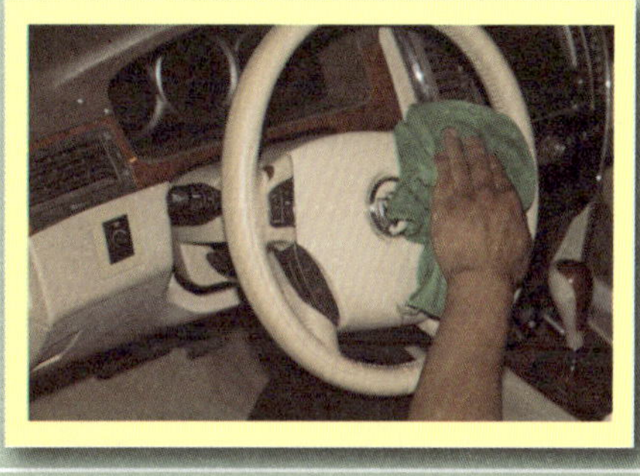
	注意：驾驶人经常用手触摸方向盘、变速杆、驻车制动，因此这些地方很容易沾上人体的油脂等，很容易弄脏。清洁它们时，可根据其材质的不同进行不同的处理。其外表材料分为塑胶、人造革、真皮、桃木等。对于塑胶材质的，进行擦洗时可用干净的抹布蘸上中性的清洁剂，擦洗完后，再用塑胶护理上光剂轻轻擦拭即可。对于人造革、真皮材质的，进行擦洗时可用真皮清洁柔顺剂，擦洗完后，再用真皮保护上光剂轻轻擦拭即可。对于有桃木饰条的，进行擦洗时可用中性的清洁剂，擦洗完后，再用塑件橡胶润光剂轻轻擦拭即可。 清洁方式是：只要将干净的抹布浸湿后拧干，然后进行擦拭即可。如果确实特别脏，则需在清洁用水中加入少量清洁剂以使去污效果增强。需要注意的是，最后还需用清水漂洗过的抹布擦洗干净。另外，如果使用了仪表喷蜡等增亮剂会使其表面很滑，进而威胁车主的驾驶安全
	第六步：清洗门窗
	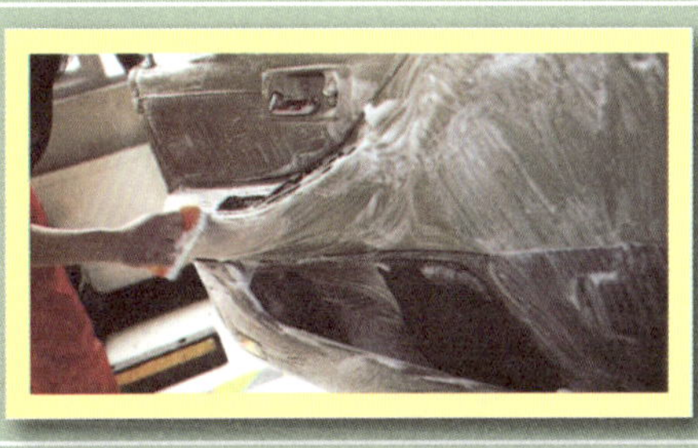 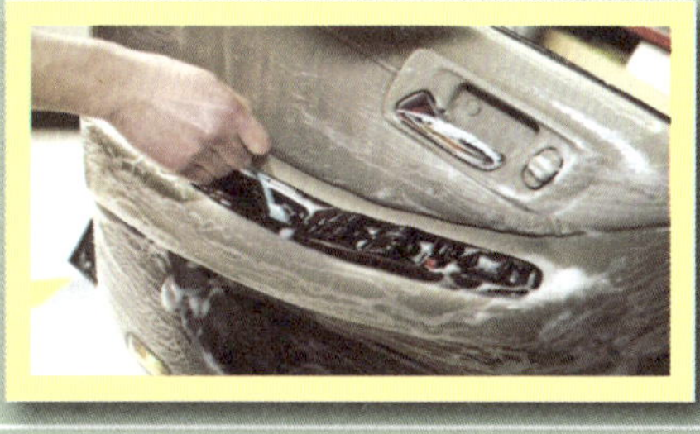
	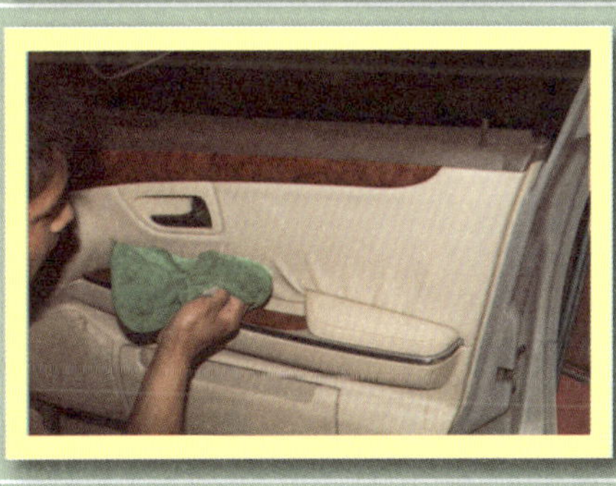 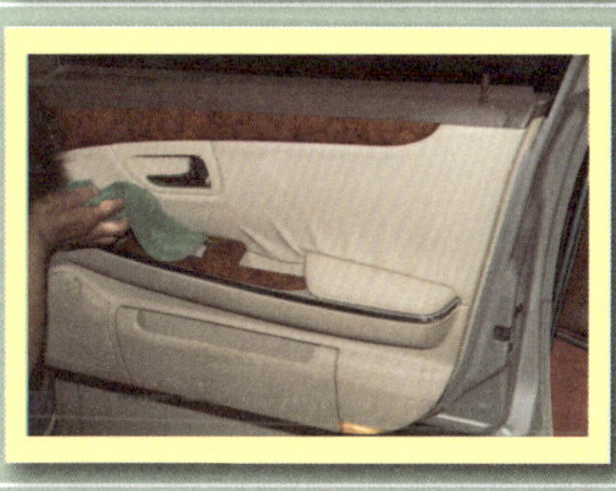
	注意：车门、门柱、门框边缘等喷漆表面部分，清洁时应先使用防静电清洁除油剂，再进行抛光处理。对车门内衬（旁板）和拉扶手进行清洁护理时，应根据其不同材质分别使用绒布清洁剂或真皮清洁护理剂。对车门锁、铰链部位和踏板的支点处，清洁时应用清洁除锈剂，并涂润滑油脂，动作时不应有异响，车门内侧底部的排水孔要保持通畅

<table>
<tr><th>项目</th><th colspan="2">操作方法</th></tr>
<tr><td rowspan="8">清洗</td><td colspan="2">第七步：清洗拆卸下来的座椅</td></tr>
<tr><td>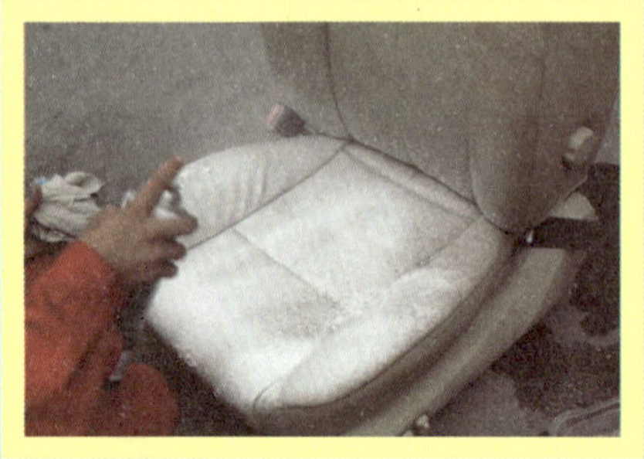</td><td></td></tr>
<tr><td colspan="2">注意：座椅的分类不同，其保养方法也不相同。目前，座椅基本上分为真皮座椅和绒布座椅两种。以下为真皮座椅和绒布座椅的保养方法

1）真皮座椅。中、高级轿车多是真皮座椅，清洗时不能随便喷上化学清洗剂，应选用碱性较强的清洗剂，如肥皂水等。用温水浸泡洁净的软毛巾，将适量的肥皂均匀地打在毛巾上，然后轻轻擦拭座椅。擦完肥皂后通风晾干，再用干净的不含肥皂的湿毛巾擦拭两遍即可。此法也适用于清洁门内饰和仪表板处的塑料件。其原因是肥皂有较强的去污力，且不刺激人体皮肤，对清洁真皮件更实用。在清洁后应用棉纸或柔软的毛巾擦干，防止真皮被刮伤，也可以在阴凉通风处自然风干，但是不要用吹风机去快速吹干皮革

2）绒布座椅。清洗织物面料的座椅比清洁真皮座椅相对简单一些。若织物座椅不是很脏，可用长毛的刷子配合吸力强的吸尘器，在刷座椅表面的同时，用吸尘器的吸口把污垢吸出来。若座椅特别脏，则要按以下步骤进行清洁：首先用毛刷子清洗较脏的局部（如较大的污垢、垃圾等），然后用干净的抹布蘸少量中性洗涤液，在半干半湿的情况下全面擦拭座椅表面（注意抹布一定要拧干），最后再次用吸尘器清洁座椅，把多余的水分清除掉</td></tr>
<tr><td colspan="2">第八步：清洗车内地毯</td></tr>
<tr><td>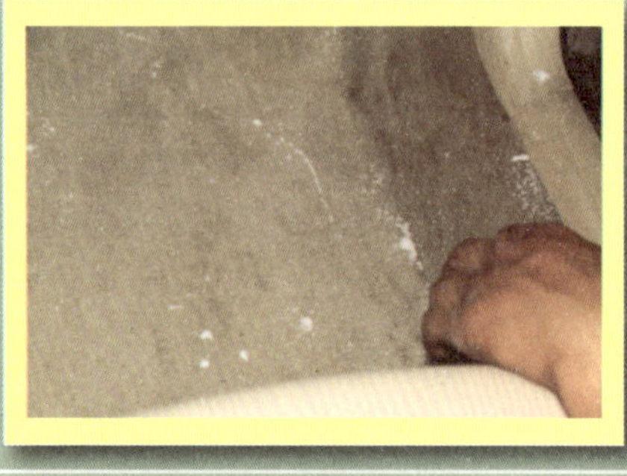</td><td>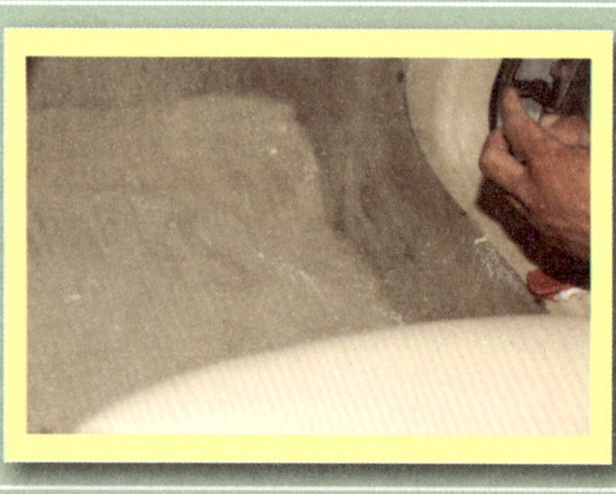</td></tr>
<tr><td colspan="2">注意：地毯是汽车里面最容易脏的部分，若用带毛刷头的吸尘机进行吸尘，可以使较脏的地毯看上去干净些。而对于更脏一些的地毯，就只能动用专用洗涤剂进行清洗了

通常先进行上述除尘工作后再使用洗涤剂，然后喷洒适量的洗涤剂，用刷子刷洗干净，最后多余的洗涤剂要用干净的抹布吸掉，这样一来，洗后的地毯不仅干净，还能恢复原来的柔软度。最需要注意的就是刷洗时不要将地毯完全放入水中，否则，不但会使地毯内部几层不同材质的粘接被破坏，而且在很长时间内还会使地毯不能干透，使用效果受到影响，引起车内潮湿</td></tr>
</table>

<table>
<tr><th>项目</th><th colspan="3">操作方法</th></tr>
<tr><td rowspan="6">清洗</td><td colspan="3">第九步：踏板的清洗
踏板包括制动踏板、离合器踏板和加速踏板。其中最为重要的是制动踏板，若其表面胶垫的凹槽内塞满沙石、泥土，在雨天行驶中就很容易出现踩踏打滑，影响行车安全。清洁时，应使用硬刷子刷掉或用尖细铲刀剔除掉踏板胶槽内附着的泥土，然后用蘸有清洁剂水溶液的抹布进行擦拭，不要忘记将驾驶座下的地板及其周围的脏污也要擦拭干净</td></tr>
<tr><td colspan="3">第十步：清洗行李箱</td></tr>
<tr><td colspan="2"></td><td>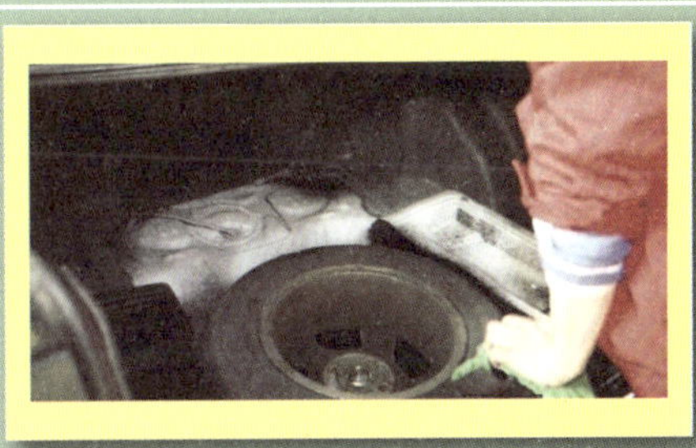</td></tr>
<tr><td colspan="3">第十一步：安装座椅</td></tr>
<tr><td colspan="2">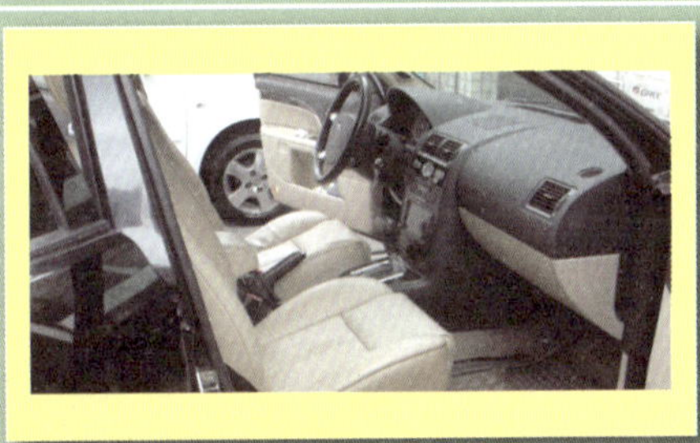</td><td>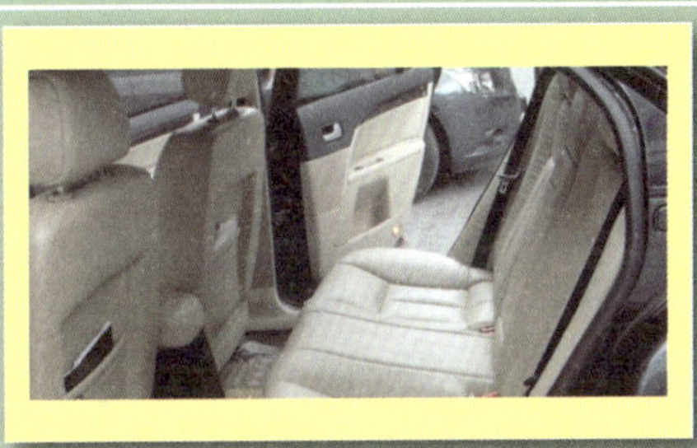</td></tr>
<tr><td colspan="3"></td></tr>
<tr><td rowspan="4">内饰清洗后的处理</td><td colspan="3">为使汽车内饰件的使用寿命延长，保持其原有光泽，通常在结束清洗后，还要进行上光护理。传统的上光护理产品的上光功能单一，如皮革上光剂，它没有太阳过滤网，仅能保持光亮，但起不到保护作用。而新一代的上光剂集增光和清洗于一体，能避免出现龟裂、硬化及脱色的现象，内含表面活化剂和软化剂，用后能迅速滋润表面，恢复弹性和光滑状态，是汽车常用的内、外饰部件护理用品。上光护理产品分为保护剂和上光剂两类</td></tr>
<tr><td rowspan="3">保护剂</td><td colspan="2">保护剂采用硅聚合物乳化剂，不但能清洁、上光，还具有保护作用。其内含高分子氟化粒，用后在表面可形成无粘附性的高透明保护层，不产生有毒、有害物质，环保性好，可用于真皮、人造革、塑料、橡胶等制品</td></tr>
<tr><td>
保护剂</td><td>
涂抹保护剂</td></tr>
<tr><td colspan="2">操作时，应首先将保护剂喷洒于小块海绵上，为的是防止把保护剂喷到难以触及的地方；然后将已经清洁过的工作面有规律地来回擦拭，尽量不要在中间停顿，以免涂抹不均匀，使施工效果受影响</td></tr>
</table>

<table>
<tr><th>项目</th><th colspan="2">操作方法</th></tr>
<tr><td rowspan="2">内饰清洗后的处理</td><td rowspan="2">上光剂</td><td>上光剂集保护、修复于一体，清洁效果较好。它含有防腐剂，可修复轻微磨损，并且效果持久；不含磷酸盐，环保性好，非常适用于对皮革、人造革、塑料、橡胶等的护理

内饰上光剂</td></tr>
<tr><td>操作时，将上光剂喷涂至待清洁的表面，然后用纤维擦拭布擦拭表面。使用足量上光剂，擦拭均匀，以产生处理表面的整体效果
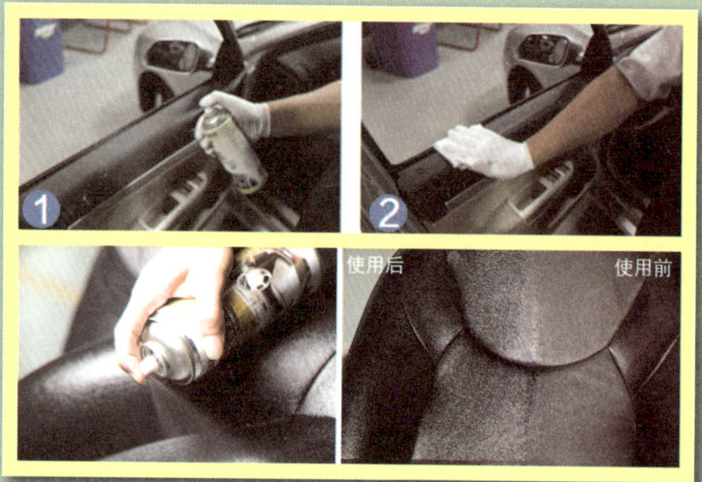
</td></tr>
</table>

第二节　内饰件常见顽固污垢的清除

开上自己的汽车行驶在繁华街道上，对车主来说是一件很兴奋的事。但是在行驶的过程中或停下来后会令你惊讶无比。比如，发动机盖上无端出现一堆鸟粪，车身上溅上一些很难洗净的杂物，甚至还有座位上的污垢以及灰尘满面的地毯都会使您烦不胜烦。如何才能将这些污垢及时有效地清除掉，并且还要保证漆面的完好无损呢？下面先介绍几种内饰件常见顽固污垢以及它们的清除方法。

顽固污垢	清除方法
霉	霉属于微生物，可能会影响人体的健康。未及时清洁的内饰很容易出现霉变。清除霉变时，可用热肥皂水清洗霉点，然后用冷水漂洗洁净，再在盐水中浸泡，最后用专用清洗剂清洗擦干 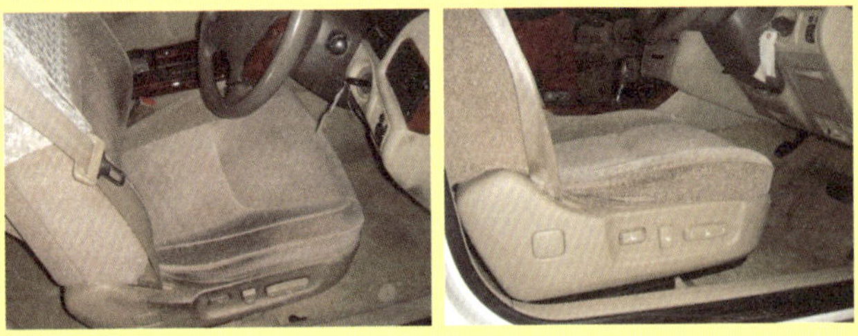 汽车座椅发生霉变
口香糖	对于车体上附着的口香糖，温度越高就会越黏，想要除掉实属不易，因此一定要冷处理。先在口香糖上放上冰块使之硬化，随后将其拧下，再用比较钝的小刀轻轻刮掉剩余的部分。刮不掉的部分，清理时可以喷上多功能泡沫清洁剂。**注意，刮时不可用力过度，以防划破座椅**
机油	如果你的鞋子不小心踩到了机油上，而且没有清洁就进入了车内，那么地毯上就会留下一个机油脚印，而且用水或者普通清洁剂都难以清洁。下面，我们就来看看如何清洁车内的机油渍 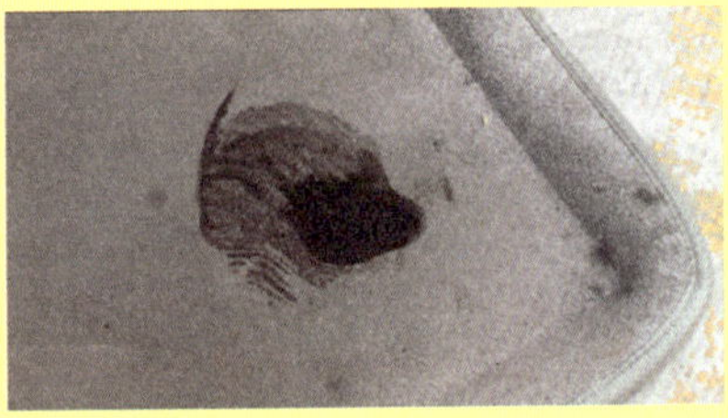 首先用抹布清洁能够清洁的油污  然后往机油渍上倒上一些汽油，并用抹布用力擦拭 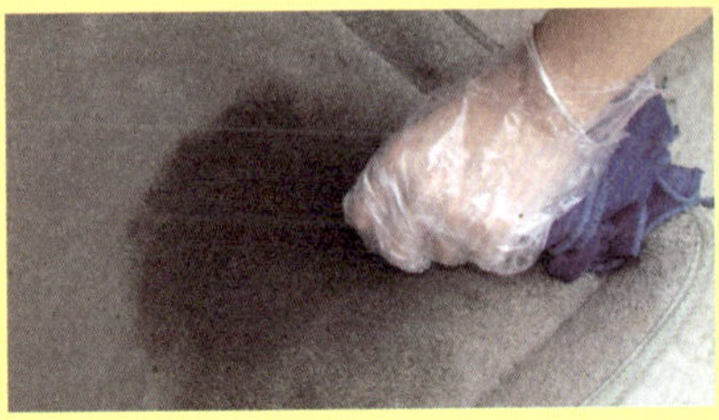 用布擦干汽油，并让剩余的汽油挥发掉 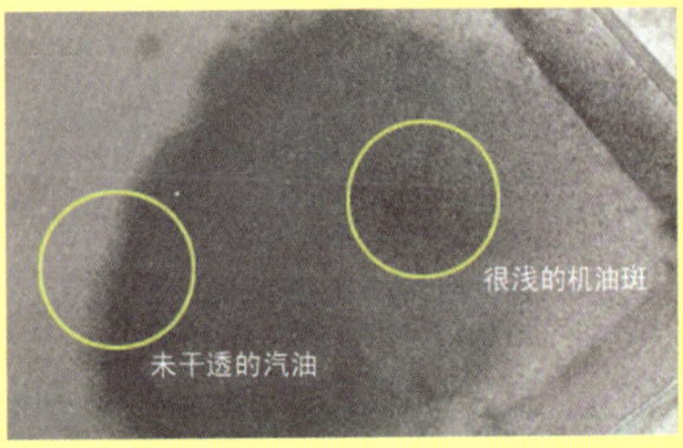 经过上面的方法，基本上就能把地毯上的机油渍去除掉了。但是还是会有一个很浅的机油斑在地毯上面 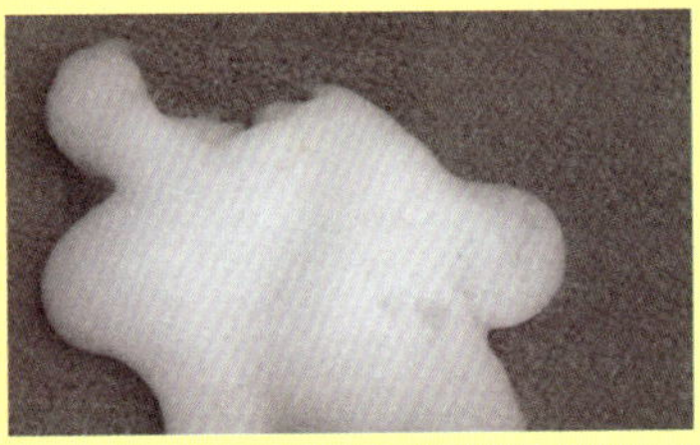 那么就要用到泡沫清洁剂了。利用化学上的相似相溶原理，我们可以使用汽油溶解机油，然后再把机油渍清除掉。留下的机油斑是被汽油溶解的机油附着在纤维上所造成的，使用泡沫清洁剂便能够较好地将其去除掉

顽固污垢	清除方法
血迹	清洁血迹时，首先应立即用冷水浸湿抹布擦拭血滴，速度一定要快。**注意清洗时切勿使用热肥皂水，因为血一接触肥皂或热水就会固化**，如此一来，清除血迹就会更加困难。也可在血渍部位滴少量的医用氨水，大约几分钟后，氨水会充分渗透，然后把被处理过的血滴用冷水浸湿的抹布擦掉，最后再用干抹布擦干即可 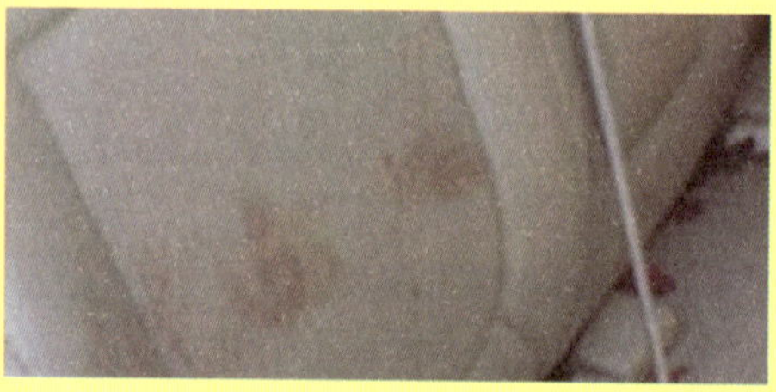 座椅上的血迹
牛奶	随着生活节奏的加快，现在很多车主会在车里吃早餐，如果不慎把诸如牛奶、可乐、冰淇淋或咖啡等饮料洒到车座或地毯上，进行擦拭时要用冷水浸湿抹布，切勿使用肥皂或热水来处理，以防止印痕更加难以去除。若有必要，也可在污垢上喷涂多功能泡沫清洁剂，然后用海绵或毛刷轻轻刷洗，再用湿布擦拭，最后再用纸巾或干毛巾擦干即可
染色剂的清除	在车内吃番茄酱等酱类食品时，如不慎污染了座椅或地毯，或不小心将口红等染色剂印在了座椅上，可用冷水浸湿的抹布擦拭，或用海绵轻轻擦除，再用泡沫清洁剂清洗
尿渍和呕吐物的清除	若有尿液撒在了地毯上，擦拭时可先用热的肥皂水浸湿抹布，再用 1：1 的氨水和冷水溶液浸湿抹布，随后覆盖在尿湿的地方，过几分钟后将抹布拿走，再用湿布擦净。 处理呕吐物会让人感觉很厌烦，但还是应尽快处理掉。清除呕吐物时，应首先用纸巾把呕吐物的水分吸干，然后再把固态物质清除掉，随后用温肥皂水浸湿的抹布擦拭，最后将抹布放入苏打水溶液中浸湿，然后擦拭干净即可
地毯污垢的清除	及时采取行动去除污垢，得到的结果也会更令人满意。若不立即采取措施，时间久了，原本能够去掉的污垢也会变得难以去除了。除去污垢的要点如下 （1）应首先辨明污垢的性质是水溶性、油溶性还是特殊性的 （2）除去污垢应从周边向中心进行 （3）最后用烘干机干燥之前，要先用水进行漂洗 （4）不同的污垢要用不同的方法进行去除 **注意事项：**在进行污垢的清除时，要慎重选择要使用的化学用品，如过氧化苯甲酰、漂白剂、游泳池清洗剂、杀菌剂、褪色灵、尿液、厨房用清洗剂、去头屑香波、去霉剂等绝对不能用于对地毯的清洁，因为这些化学用品很可能会使地毯褪色或添色，在一定程度上损伤地毯

第三节 汽车内饰清洁要领及注意事项

一 汽车内饰清洁要领

序号	清洁要领
1	应认识到不管是到洗车场进行专业的清洗还是自己动手，进行清洗前都要使汽车发动机盖彻底冷却。尤其在炎热高温的夏季，为避免使汽车发动机提早老化，在清洗汽车时要避开有阳光照射的地方  在阴凉处洗车
2	**要注意，不同的污垢所用的清洗方法和抹布也会不一样**。比如，应用分散喷射水流清洗轿车的车身，冲洗时切勿用高压水流，因为水压过大会对车身漆面造成损伤 在清洗车身上坚硬的尘泥时，应先用水将其浸润，然后用水冲去，再自上而下地用软而干净的海绵擦洗，在擦洗的过程中应经常在清水中洗涤海绵，防止擦伤漆面，最后用麂皮擦掉水迹。清洗油渍时，应用海绵蘸上煤油或汽油轻轻擦拭，然后把抛光膏打在擦过的地方，使其恢复原有的亮丽光泽
3	对车门上的玻璃严禁使用含磨料的清洁剂进行擦拭。清洗死虫等动植物的汁液时，应先用肥皂水将其浸透，然后用浸过清水的海绵清洗，最后用软布擦拭
4	在对方向盘、灯具等塑料和橡胶件进行清洗时，不能用有机溶剂，如汽油、去渍剂和稀释剂等，只能用普通的肥皂水
5	中控台的清洁需要使用的工具有洁净的抹布、中性清洁剂和水。非要使用中性清洁剂吗？当您的手经常反复接触中控台时，手上的油渍难免就会沾染到中控台上，所以一定要用中性清洁剂才能清洗干净。但要注意的是，选择清洁剂时要慎重，因为若使用不当，则容易导致中控台的颜色脱落 对中控台进行清洁时还要准备一些棉签，因为中控台的形状各种各样，经常会有一些细缝无法用手清洁到，此时棉签就有用武之地了。当然，如果您备有一个小喷枪的话就更好了
6	一定要用柔软的抹布和专用清洁剂清洁仪表板，**注意不要擦花仪表板**

二 汽车内饰清洗的注意事项

类别	注意事项
合理选用清洗剂	在清洁车饰时，要按照不同材质使用专用的清洗剂或最相近的清洗剂。例如，真皮座椅用水性真皮清洁柔顺剂清洗，丝绒纤维制成的座椅、地毯等用化纤清洗剂清洗，车窗内侧的玻璃等用玻璃清洗液清洗

类别	注意事项
不要随意混合或加温使用车饰清洗用品	不同的车饰清洗用品混合后，有可能发生化学反应，产生一些有害物质。例如，有些化学成分混合后可能释放有毒气体。若加热清洗剂，如使用时放入蒸汽清洗机内，也容易产生有害气体。因此，**切勿随意混合或加热使用车饰清洁用品，除非产品包装上注明特别的混合比例或配合机械的使用方法**，否则可能会发生化学反应，释放有害物质，影响人体健康
对不熟悉的产品应先测试使用	首次使用某种清洗剂时，应先找到相同材质的部件进行清洗，或在待清洗部件的不显眼处进行清洗，然后观察清洗结果。车内座椅皮革用真皮清洗剂清洗时，可先在座椅底部或背面等不显眼的地方少量使用，观察清洗效果如何
不要用水清洗汽车内部	不能用水直接清洗汽车内部，驾驶室内地板胶垫的下面凸凹不平，结构上需要的凹槽、各种通孔较多，其中容易积水，若用水直接冲洗，则不易干燥，或从通孔处流到交变器等部件上，就会生锈，尤其是密封性能较好的轿车的内部，更不能用水直接清洗
其他	1）汽车内饰件上若有特殊污垢（如油漆、机油等），擦洗时不可用力，应选用专用清洗剂进行清洗 2）进行清洗作业时，应喷上清洁剂后稍等片刻再进行擦拭。要求后期只能以单向运动进行擦拭，为的是使光线漫射面保持一致 3）必要时，可对清洗过的、难以干燥的饰件进行烘干，防止其发霉 4）在汽车行驶过程中，为防止儿童拉开车门发生意外，在汽车两个后门的门锁附近，有一个可来回拨动的扳机，在车辆行驶中，对大部分驾驶人来说，这一扳机都是处于关闭状态，但在进行车辆的清洁美容作业中有可能被抹布拉动到“开启”位置，因此，完成美容作业后，必须对其检查并恢复到原位置 5）车门周围镶嵌的防水胶条及门框边胶条很容易出现偏斜、松脱，在清洗作业过程中需要注意的是，用高压水冲洗时是否发生渗漏。若出现开裂，要用专用黏合剂重新黏接 6）必要时要喷涂清洁除锈剂来清洁踏板的支点处，擦净后再涂上润滑油脂。如果这些部位长期得不到维护，在使用时就会发出异响，影响车主的驾驶心情 7）清洁汽车内室时，通常会打开车门，这时必须注意在车上存放的票据和文件等，以免其在清洗时不慎丢失 8）在清洁汽车内室时，必须关闭车内的照明灯开关，否则长时间作业很可能会导致电池掉电而无法起动 9）进行清洗作业时，为避免把车钥匙反锁在车内，最好将车钥匙统一存放在专用的保管箱内，确有需要时（因为有部分车辆自带或车用防盗器具有自动锁定功能），可将驾驶室的车门玻璃降下一部分 10）清洁仪表板时，可能会意外地把仪表指示灯的亮度调节旋钮转到最暗位置，故在完成室内美容作业后，要把汽车小灯打开，检查仪表指示灯的亮度是否合适 11）切忌在皮革座椅及靠背上喷涂仪表喷蜡，避免因与车内人员的毛料或化纤衣裤产生摩擦而形成“镜面”

入门关键：

汽车的外部装饰，主要指对汽车顶盖、车窗、车身周围及车轮等部位进行装饰。汽车的外装饰要做到以下几点：

1）爱车装饰安全第一。无论在任何时候，安全都是驾车人士关注的第一话题，小小问题都会引发大的事故，选购的汽车装饰用品绝不能影响和妨碍到驾驶及行车时的安全性，记住在装饰完成后一定要多次试驾。

2）装饰用品讲究实用。购买的汽车装饰用品除讲究美观外，还需要考虑它的实用性，才能花得物有所值，可以根据车内空间的大小，来挑选一些小巧、美观、实用的装饰用品。

3）汽车装饰用品应与爱车相协调。如何体现个人的品位？在装饰爱车时不仅要根据自己的喜好，还需要根据爱车的用途，且要与颜色要相协调，如车主主要用于商务型，装饰时尽量体现出高品位，颜色不宜太多，款式不宜太花。

4）装饰用品不宜太多。装饰爱车讲究整洁，在采购装饰用品不宜太多，应该要做到舒适、整齐、干净等，避免给人压抑的感觉。最后想再次强调，不可盲目地装饰爱车，不恰当的装饰会给行车带来很大的安全隐患。

第七章

谁说美貌不重要——汽车的外装饰

第一节　给汽车穿上外衣——加装大包围

一　车身大包围有什么作用呢

汽车大包围的主要作用是：降低汽车在行驶过程中产生的逆向气流，且能增加汽车的下压力，让汽车能更加平稳地行驶，从而减少耗油量。但是有一些大包围的安装没有考虑到空气扰流方面的设计，仅仅考虑了美观，反而让汽车变得更加费油了。多数汽车还是从美观的角度考虑大包围的安装，要使空气动力得到真正的改变，尾翼（定风翼）起到了很大的作用，尾翼是大包围其中的一部分。

夸张的汽车尾翼

二　你知道车身大包围装饰有哪些特点吗

特点	主要内容
小批量、多品种	由于现在的人们不断张扬个性、追求时尚，随之车身大包围装饰件也就出现了小批量、多品种的特点。  高档、大气、上档次的大包围  简洁、低调的大包围  个性张扬的大包围  时尚且不失稳重的大包围

特点	主要内容
制作材料多样化	在制作大包围制件时，主要使用的材料是塑料、金属。塑料中以玻璃钢材料居多；金属中有的采用新型碳纤维材料和铝碳合金复合的制作方法以及和蜂巢式铸造工艺相互配合制成，还有的采用铝合金、不锈钢等材质制作  ABS 塑料大包围  PP 塑料大包围  金属大包围

三 如何选择大包围装饰件

类别	主要内容
类型选择	现在的装饰件生产厂家生产的大包围总成件，其设计制作基本上都是以特定的车型为标准。制作时，按照不同的制作材质和工艺可分为标准型和豪华型。在为车型配套时，车身的颜色也要被考虑在内，因此有多种类型和颜色可供选择  豪华大包围  标准大包围
选择的标准	选择大包围总成件的标准，主要是要达到总体平衡协调、外观好看大方、前后包围和侧包围融为一体等

四 大包围这样安装才正确

大包围的组成有前包围、侧包围和后包围。

<table>
<tr><th>序号</th><th>项目</th><th>操作方法</th></tr>
<tr><td rowspan="3">1</td><td rowspan="3">安装前包围</td><td>1）对安装前包围的部件进行擦拭，把油污、污垢等清除，使装饰部位达到清洁、干燥，做好安装前的准备工作</td></tr>
<tr><td>
清除车身污垢</td></tr>
<tr><td>2）把安装工具和材料准备好，经常用到的安装工具有手电钻、锤子、旋具、活扳手和钳子等。准备好大包围总成的所有零件，根据安装说明书的要求做好相应的准备工作

手电钻
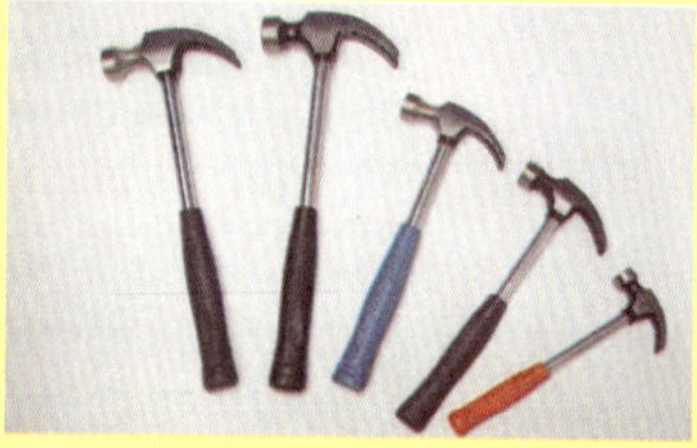
锤子
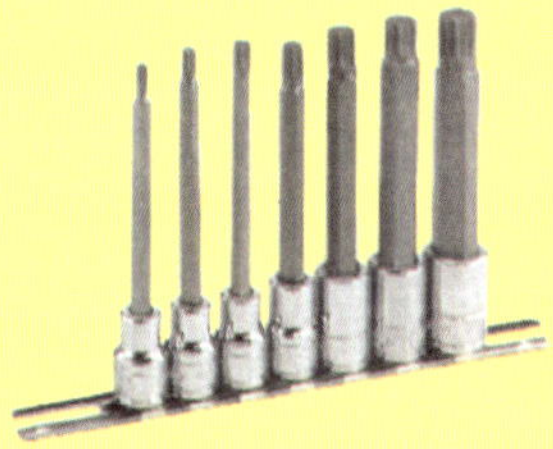
旋具
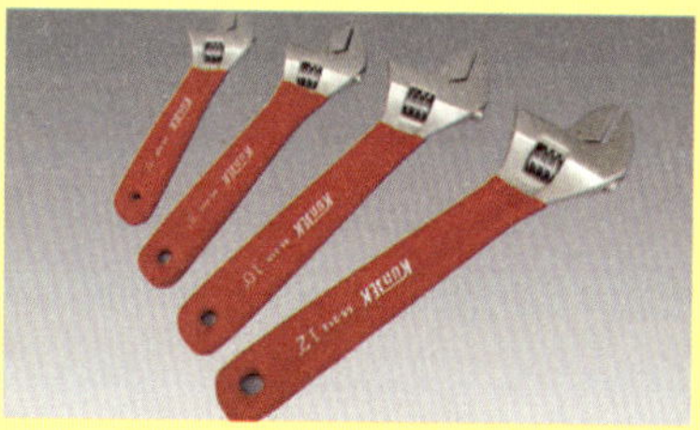
活扳手

钳子

打磨机</td></tr>
</table>

序号	项目	操作方法
1	安装前包围	3）根据前包围安装位置的要求，在车的前端钻好安装孔，同时把孔边周围的毛刺去掉 4）从保险杠下部将前包围插入，对准安装孔，从侧面用螺钉将其固定牢固 
2	安装侧包围	侧包围分左、右两部分，与前包围的安装方法相同 1）清洗安装部位，准备好安装用的工具和材料，做好安装前的一切准备工作 2）根据安装的要求，钻好安装孔，打开车门，把右侧围的包围件置于安装位置，钻好安装孔，用螺钉固定牢固
3	安装后包围	后部包围件的安装方法也与前部相同，但在制作时，后部包围件上的一个消声器的排气口变大了，从而显得更具美感  后包围安装完毕

五 安装大包围装饰时的注意事项

类别	注意事项
大包围总成选择是关键	选好的大包围总成的型号和颜色应与原车配套、协调，以使整车达到和谐的状态，这为大包围装饰的成功奠定了基础。这样一来，在安装时也比较简单方便，因此也容易保证其安装质量
选好安装企业	安装大包围时，选择的装饰企业必须是正规的，要有必要的设备和技术，还要特许的经销和安装资格，可以确保大包围总成件的品质及有能力进行安装和维修
安装后注意事项	安装后应注意索要保修卡，并且要保存好，防止在使用中出现问题时能及时得到保修

第二节 汽车天窗

一 天窗的优点

过去，天窗一般只会在豪华车上安装，而现在，市场上越来越多的中型车都安有天窗。如此说来，天窗究竟有什么优点呢？

类别	基本内容
时尚美观、突显档次	有天窗的汽车会显得更有个性，符合现代人对时尚的追求，能为车主带来高质量的生活品味。不但使车辆更加时尚美观，同时也提高了汽车的档次  高端大气的天窗
亲近自然、沐浴阳光	亲近自然、沐浴阳光是装有天窗的车辆的最大优点。车辆在安装天窗后会显得视野开阔，坐在车里就能与飘进的缕缕清风擦肩而过、享受温暖宜人的阳光。同时，把天窗打开进行通风换气，可使车内空气保持清新  亲近自然、沐浴阳光

类别	基本内容
抽风换气、改善车内环境	一名熟练的驾驶人会很清楚，一旦有人在车内吸烟时，车厢里的空气会使人难以忍受，在安装天窗后，这种情况便可大为改观，你会发现风从天窗吹进来后会形成一股气流，能把车厢内的浑浊空气排出去。当车辆行驶速度较快时，打开天窗就能抽出车内的污浊空气，改善车内的空气质量  抽风换气、改善车内环境
降温较快、节约油耗	外界温度较高时，停在外面的汽车因长时间接受太阳光的照射，车厢内的温度会很高，此时打开天窗会比打开冷气降温更快，而且还可以节约油耗  快速降温、节约油耗
降噪除雾、安全舒适	当汽车在高速公路上行驶时，如果打开侧窗，车内就会被噪声干扰，而且还会影响车速。作为一名驾车高手，您想必有过此经历。但驾驶装有天窗的汽车，只需打开天窗，便可使噪声干扰大大减少，而且还不影响车速  使用天窗除雾是一种快捷的除雾方法

二　天窗的分类

汽车天窗根据不同的驱动方式可分为手动式（目前较少有这种天窗）和电动式，根据不同的开启方向可分为内藏式、外倾式和敞篷式等。手动天窗的结构比较简单，价格也较低廉，主要分为外倾式和敞篷式；电动天窗的档次较高，价格比较贵，主要分为内藏式和外倾式。

外掀式天窗可分为电动和手动两种形式，在开启后往车顶的外后方升起，集防夹功能和自动关闭功能于一体，配有可拆式遮阳板。此类天窗主要在中小型轿车上有所应用。

开启后的内藏式天窗能保持不同的弧度，同时具有防夹功能和自动关闭功能，配有独立的内藏式太阳挡板。此类天窗多在大中型轿车上有所应用。

敞篷式天窗是由高品质的特殊材料组合而成，同时具有防紫外线和隔热的作用。此款天窗非常前卫，能够彰显个性，非常适合年轻人的口味。但敞篷式天窗的密闭防尘效果比前两款天窗要略差一些。

电动天窗

外掀式天窗

内藏式天窗

敞篷式天窗

三 天窗的保养与使用

项目	操作方法
天窗的保养	1）很多人为因素会造成手动天窗出现许多故障，如不慎拧反锁扣或摇柄的方向，从而对天窗造成损害 2）如果行驶的道路颠簸不平，最好不要完全滑开电动天窗，避免因天窗和滑轨之间产生的振动太大而导致相关部件发生变形，严重时甚至会损坏电动机 3）如果想使后加装的天窗能够正常运行，且尽量使其故障率较低，就要确保做到以下四点：**合格的产品、专业的安装、正确的使用方法和定期的保养**

项目	操作方法
天窗的保养	4）天窗由橡胶密封圈进行密封的，为的是确保其完全防水，因此在平常的使用中**要注意对密封圈的清洁**，避免灰尘沉积。在冬季时这一点尤为重要，要经常用除尘掸进行清洁，但要注意的是，若有冰冻出现，则不要将天窗打开。春秋两季风沙较大，每隔两个月就要把密封圈用湿海绵清洁一次。另外，若准备长时间停放带天窗的车辆，为防止因时间过长造成密封圈在空气中发生化学反应而自然老化，要用滑石粉（用滑石粉保养，可延长密封圈的使用寿命）彻底清洁一次密封圈 5）在对车辆进行清洁时，如果使用高压水枪，切忌将水柱直接对准密封圈，这样不但有可能损坏密封圈，还容易使密封圈因高压水柱的压力而变形，使水进入车内 6）汽车在冬季行驶时，车内的温度要高于车外的温度，如此一来，天窗周围的冰雪就会开始融化。隔夜后，很有可能把天窗玻璃与密封胶圈冻住，此时，如强行打开天窗，易损坏天窗电机（对于电动天窗而言）及橡胶密封圈。所以此时要想打开天窗，需要等到车内温度上升至天窗玻璃与密封胶圈解冻；另外，即使使用热水洗车，车身如果还有残余水分，在行驶中，天窗边缘残留的水分也会冻住，因此，在清洗完汽车后，应把天窗打开，然后将其周围擦干 如果汽车天窗的密封圈表面经过喷漆或植绒处理，最好用软布将喷漆处擦干，再涂上滑石粉，而植绒处由于表面有黑绒，擦干即可。在冬季时，对于设有滑轨的电动天窗，为防止沙粒积存，要经常清理滑轨四周，清理后切勿涂润滑油，而是应涂少许机油
天窗的使用	天窗可以用来看风景、换气，但在雨天、雪天，天窗的使用就很有讲究了。汽车养护专家指出，下雨时应关闭天窗，雨停后应先擦拭干净车顶上的水珠后再开启。否则在天窗滑动的过程中，雨水容易弄湿车内座椅，而且也可能使雨水渗入机械内部造成隐患 很多有个性的车主在冬天时也会使用天窗，这对天窗造成的机械损害可能会更大。汽车养护专家介绍，冬天来临后，一些人在发动汽车时，会把天窗打开一条缝隙，开足暖气，不一会儿车内就会温暖舒适。虽然车内空气是新鲜了，可是起动车子与开启天窗同时进行可能会损害到天窗。据汽车养护专家解释，冬天夜间气温较低，由于一些因素可能会导致天窗上有些冰冻，若此时强行打开天窗，冰冻造成的阻力可能会对机械组件造成伤害。如果冰冻情况很严重，车主再用力地按天窗按钮，还可能会烧坏机械 所以，汽车养护专家提出建议，要像冬天起动汽车前先“热车”一样，开天窗前也应先“热”一下天窗，这才是最妥当的做法。具体做法是：先把暖气打开，同时打开侧窗半扇透气，待到车内到达一定温度后再将侧窗关闭，然后再开天窗换气 另外，天窗和车窗的使用频率不能一样，一会儿开一会儿关特别容易使天窗的老化加快。为防止振动损坏天窗的零件，在颠簸不平的路面上行驶时也最好不要开天窗。还有，行驶时尽量不要在风沙地带开天窗，防止沙粒进入轨道内，使零件因磨损而失效 因此，在天窗的日常养护中，要经常擦拭密封胶圈、清除沙粒等杂物，还应定期用机油或润滑剂清洗天窗的轨道部分

第三节 车身彩条

汽车彩条又称为汽车车身装饰彩条，装饰车身外表是其主要作用，可使车身更加美观。汽车彩条的出现也体现着人们的审美观的不断提高，其发展前景十分广阔。

车身彩条

彩条在车身上采用粘贴形式，图案各式各样，颜色也缤纷多彩，但车身图案粘贴一定要协调对称才是重中之重，才能有美观的效果。将形态各异的彩条粘贴在车身上，不仅能使车身漂亮好看，还能协调车身色彩，使人拥有舒适的视觉效果。

建议在 16～27℃的温度范围内来进行彩条的粘贴，过高的温度会导致贴纸变大，胶体迅速蒸发，粘贴变形。过低的温度会对粘贴柔性和粘贴效果产生影响。必须将车身彻底清洗干净再进行粘贴，若有必要，可先进行抛光处理。除了车身彩条，还有车门玻璃挡水条、车门玻璃内胶条装饰等。

一 彩条的类型

彩条贴膜大致可以分为两种基本类型：一种是有可以撕离表层的贴膜，其组成部分有背纸层、彩条层及外保护层，彩条层同时具有彩条图案和黏性贴面两面。另一种贴膜是没有可以撕离表层的，其组成部分有由彩条层和背纸层，彩条层的正面和背面分别是彩条图案和黏性贴面。

二 彩条的性质

塑料制品和金属制品这两种是主要的彩条所用材料，其中用途最广的是塑料制品。高级的彩条有电子冷光后饰条和高级不锈钢后饰条等。

彩条贴膜通常由汽车生产厂商生产，也能以汽车零部件的形式供应给汽车厂家指定的维修服务站。用户选择彩条时，可以根据具体车型来考虑。

三 粘贴方法

序号	项目	操作方法与要求
1	选择彩条	市面上的彩条琳琅满目，选择彩条时车主可能会犹豫不决。在选择时，首先应考虑要适合本车型的需求，然后再考虑优质优雅或鲜艳的彩条，这种选择同时集艺术水平和欣赏水平于一体，也能流露出装饰者的个性与品位

序号	项目	操作方法与要求
2	装饰前的清洗	要用专用清洗剂对车身外表需要装饰的部位进行手工清洗，除去油污和污垢。使车身洁净并保持干燥，是装饰彩条施工前的一项准备，以保证更好的施工质量
3	装饰彩条的步骤	撕下彩条的衬纸，把彩条按要求的部位粘贴上。在粘贴过程中，一边贴彩条，一边用手贴压彩条，将彩条与车身表面间的空气排尽，禁止出现气泡，要贴结实、贴牢固 粘贴彩条的要点 （1）贴上彩条后，不能产生皱褶，必须平整光滑 （2）彩条与车身漆膜之间不能存在空隙、气泡及异物，不然粘贴的质量会受到影响。若有空隙和气泡出现，要将其排除。出现皱褶或异物时，要重新进行粘贴

四 彩条的装饰效果

丰田普拉多车身彩条

三菱吉普车身彩条

小型客车车身彩条

长城 H5 车身彩条

第四节 汽车风窗玻璃的粘接安装

一 准备工作

检查车辆流程卡，确认车辆配置要求，按照技术状态选定玻璃规格，准备材料及工具。

类别	基本内容	
材料准备	H-131 聚氨酯粘接 / 密封胶；活化清洗剂；HP051 底胶。 辅料：厚度垫块、邵氏硬度 55~65 的硬橡胶或橡塑、棉布、单面压敏胶带、纸胶带	
	 H-131 聚氨酯粘接 / 密封胶	 活化清洗剂
工具准备	气动（手动）挤胶枪；美工刀；油灰刀；毛刷、海绵或脱脂棉	
	 挤胶枪	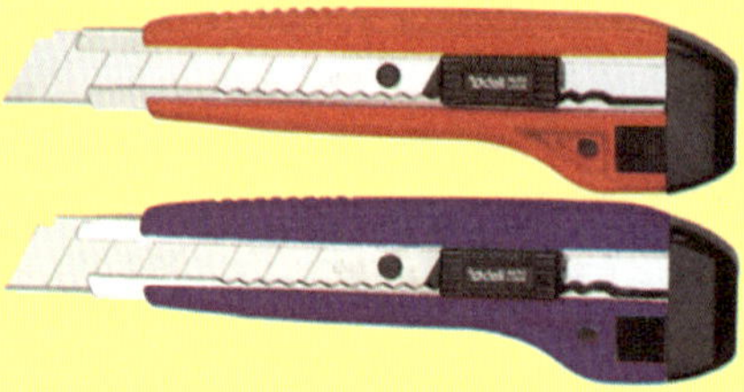 美工刀
	 油灰刀	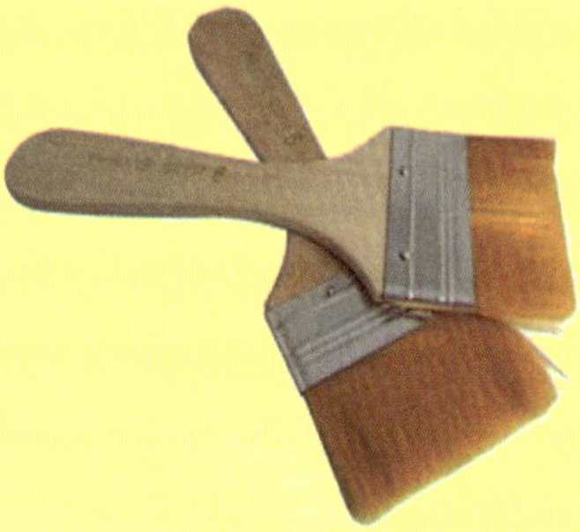 毛刷

二 粘接过程

序号	粘接过程	粘接要求
1	预装	把对应的玻璃扣合在窗框上，检查玻璃与窗框的贴合程度，如有必要可校正窗框，合格后取下玻璃
2	清洁粘接面	把金属窗框和玻璃周边用纸胶带粘贴上，暴露粘接部位，遮蔽非粘接部位。把少量的活化清洗剂涂在棉布上，然后沿玻璃和窗框粘接面顺一个方向擦拭一遍 需要注意的是，不能来回擦拭，如擦拭后棉布出现变色，可换一块棉布重复该操作步骤，如果油墨脱落，则建议更换此玻璃，以防止出现不可预知的后果。擦拭活化清洗剂后，室温晾置 5 ～ 10min，即可进行下一步操作
3	涂底胶	若玻璃无陶瓷黑边，则需要在玻璃边缘涂上 HP051 底胶，宽度为粘接宽度的 1.5 ～ 2.5 倍 使用底胶前要用力摇动，要能听到钢球的撞击声，待 2min 后，使用毛刷、海绵或脱脂棉在清洁过的玻璃和铝合金上均匀地将底胶涂在粘接面上，厚度为 50 ～ $60g/m^2$。过 1h 后再进行下一道工序 需要注意的是，请勿喷涂底胶，不然会影响效果
4	涂胶	当环境温度超出 5~40℃之间的范围时，最好不要进行施工。把胶嘴开口切成三角形，推荐开口尺寸（底 × 高）：12×15mm。使用气动（手动）挤胶枪连续且均匀涂注在窗框周边的待粘接面上（或者涂注在蒙皮上，单面涂注即可） 需要注意的是，接头不能平接或对接，防止漏水
5	装配及固定	（1）为保证粘接后胶的厚度，要把提前预备好的厚度垫块嵌入胶条内侧 3 ～ 4 块 （2）在窗框上将玻璃安装好，然后用手将其轻压至贴合平整，用压敏胶带固定（在打胶后 5min 内完成）。根据温度及工艺确定固定时间，通常为 24h 以上，原则上在 24h 内，不能发动此车 （3）如果需要把内侧填平，可用挤胶枪从内侧涂注至填满，然后使用油灰刀刮平，此时可将胶嘴倾斜成 45° （4）把纸胶带撕掉
6	清理	视气温而定，6 ～ 12h 后把压敏胶带撕下。然后将多余的胶清除干净，并除去露在外面的垫块
7	注意事项	要对技术说明书有细致的了解 若初次使用，要先进行试验，一些玻璃黑边上的油墨有太强的油性，胶与油墨的粘接效果可能会因此而差强人意，因此最好在玻璃黑边上预涂 HP051 底胶 活化清洗剂和底胶有易燃易挥发的性质，所以施工场所要有良好的通风条件，远离火源，防止出现火灾

入门关键：

汽车防护系统主要包括防爆（防紫外线）、倒车雷达、防静电、防噪声等系统。

1）防爆（防紫外线）。给爱车玻璃抹上“防晒霜”，不仅具有防爆的功能，还能隔热、隔光，给车主一定的隐私空间。

2）防盗。汽车防盗系统能给车主的爱车上“保险”，让车主省心、省事，让偷车贼望而却步。

3）倒车雷达。汽车倒车雷达系统是汽车的“眼睛”，让车主（特别是新手）放心倒车、安心驾驶。

4）防静电。汽车防静电系统，是车主与爱车接触的桥梁，让车主远离静电、拒绝静电。

5）防噪声。汽车防噪声系统，是车主与爱车“交心”的纽带，让车主在爱车中静静地享受自己的驾驶乐趣。

第八章

汽车防护出奇招——汽车防护系统的选购与改装

第一节　汽车太阳膜

一　汽车太阳膜定义

汽车太阳膜（Automotive Solar Film），俗称防爆膜，是指粘贴在汽车玻璃表面的膜，不仅具有防爆的功能，还能隔热、隔光。通常用特殊的聚酯膜作基材制成优质的防爆膜，其本身就具有很强的韧性，并有特殊压力敏感胶配合，发生意外时，即使玻璃破裂也能藕断丝连而不伤人。如今的汽车防爆膜还具有单向透视、降低眩光的功能。

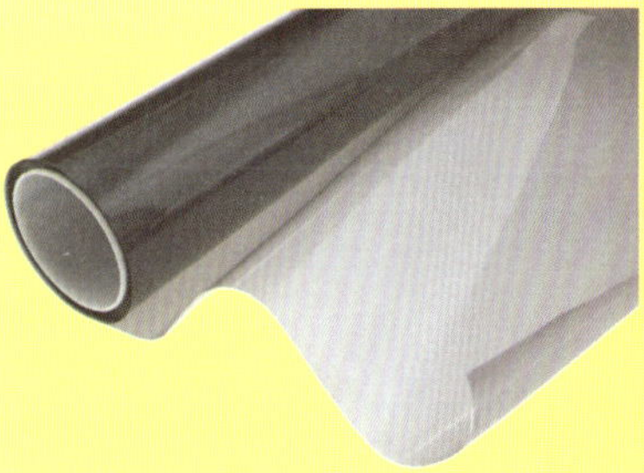

太阳膜

二　防爆太阳膜的作用

作用	简介
隔热降温，营造舒适的车内环境	防爆太阳膜可使光线照射的强度减少，起到隔热和保持车厢凉爽的作用。另外，汽车防爆太阳膜的隔热率可达 50% ～ 70%，能有效地降低汽车空调的使用强度，节省燃油 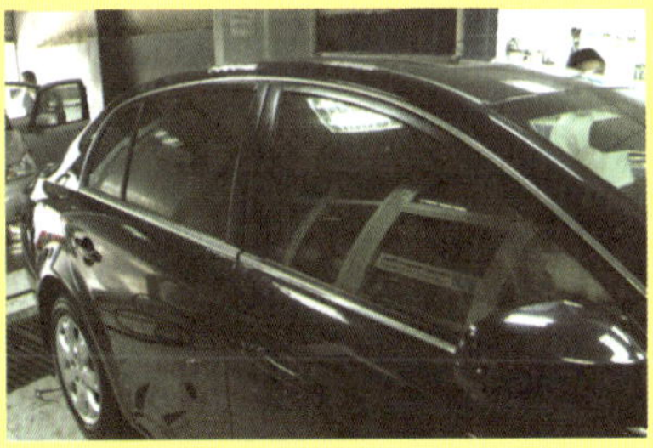 隔热降温，营造舒适的车内环境
防止玻璃爆裂伤人	当汽车发生意外时，防爆太阳膜可以防止玻璃飞溅，避免事故中产生的玻璃碎片对车内人员造成伤害，提高汽车的安全性 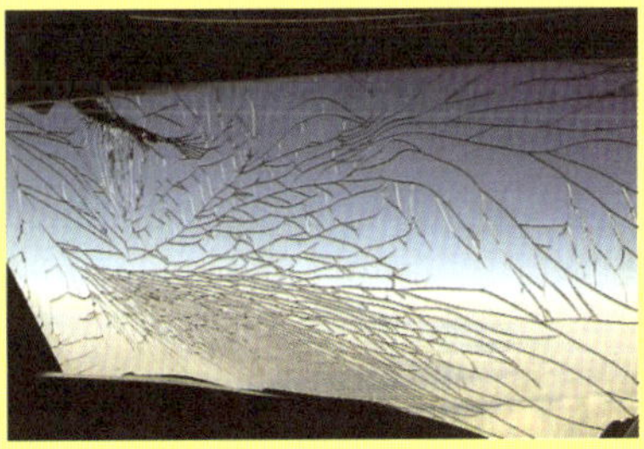 防止玻璃爆裂伤人

作用	简介
阻止紫外线，保护人体肌肤	阳光中的紫外线会对人体的肌肤产生伤害，若长时间地被紫外线照射，则易患皮肤疾病。因防爆太阳膜可有效地阻挡紫外线，所以具有保护肌肤的作用  阻止紫外线，保护人体肌肤
保护汽车内饰，延长内饰件的使用寿命	在太阳光照射时，由于红外线的作用，椅垫和仪表板等内饰件中能积存热量；若长时间被红外线照射则会引起内饰件老化褪色，而太阳膜对内饰具有良好的保护作用  保护汽车内饰，延长内饰件的使用寿命
单向透视，增强车内空间的隐私性	防爆太阳膜的单向透视性能较好，把防爆太阳膜贴在车窗上可以阻挡来自车外的视线，使汽车内的隐蔽性增强，显得含蓄、深沉，符合多数人的品位  单向透视，增强车内空间的隐私性

三 太阳膜的安装技巧

1. 贴膜步骤

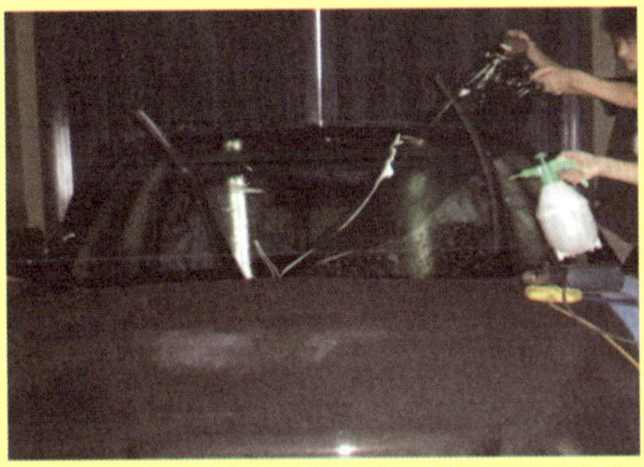

先在清洁的玻璃内侧喷洒清水，然后选择大小合适的膜，撕去太阳膜的保护膜，在涂胶的表面也喷上清水

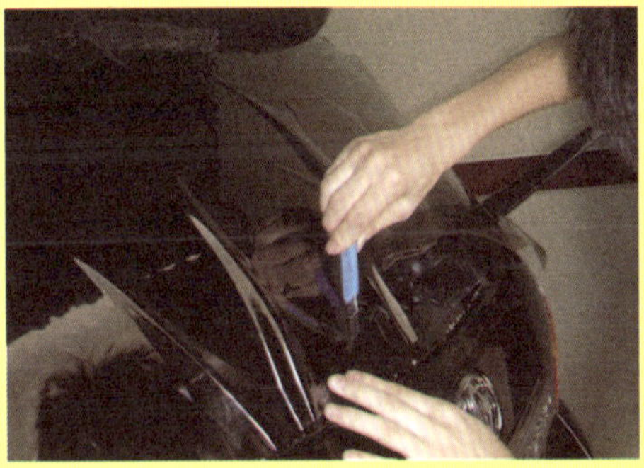

将太阳膜贴在玻璃上，然后沿边进行剪裁

贴好后，玻璃上会有很多气泡

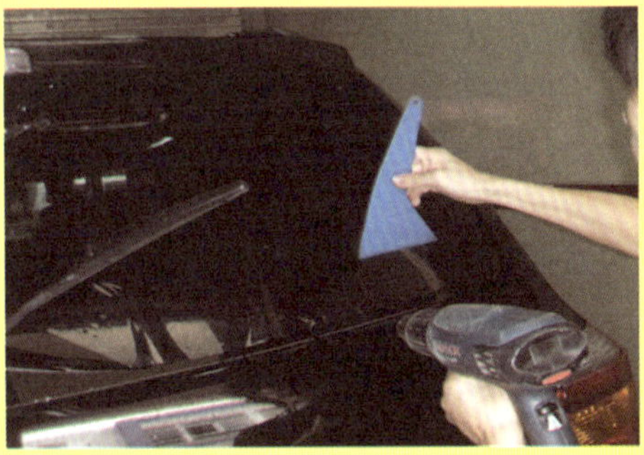

用塑料刮刀进行挤压

接着对车膜进行烘烤定型

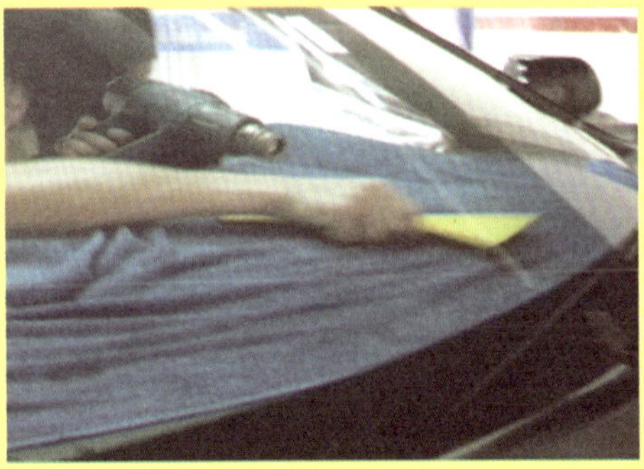

最后把膜贴于车内，并做一些细节的处理

最后，冲洗一下车身便可以了

提示：贴膜后，可以在显著位置贴上提示不干胶，以警示车主三天内不要摇下车窗

由于太阳膜是贴于车窗内侧的，贴膜前应在车内空间喷洒清水，使尘粒尽快沉坠。贴膜时，虽然车内温度较高，但也不要使用车内的空调

2. 避免膜内沙粒的方法

项目	操作方法与要求
水	有不少施工人员作业时会直接使用自来水，但自来水管路里有许多杂质或沙粒，未经过滤或沉淀应避免使用。更换水管管路也会影响水质，所以一定要用经过过滤或沉淀的水贴膜
灰尘	很多店面没有专门的贴膜室，来往的汽车呼啸而过，会激起很多灰尘，有时风速较大也会有灰尘，因此没有贴膜室时，应把所有车门关闭后再进行贴膜
工作服	当隔热膜的透明部分被拆开时，会产生大量静电，所以在贴膜时要避免穿毛料质地或是有棉絮的衣服，因为静电会把衣服上的棉絮或羊毛吸到贴膜上面
膜表面	已经裁剪好的膜通常会放在汽车脚垫上、椅套上，或放在车顶、发动机盖上，所以其内外的环境都不干净，同时附着在其表面的灰尘因静电的关系，在拆开膜时亦会吸到膜上面，因此，必须洗净或在表面喷一些水后，才能拆开透明膜，以防止灰尘及沙粒
椅套或物体	一些椅套是兔毛、狐狸毛的或棉絮太多，**由于静电原因，拆开膜时同样需要注意**，而且，要避免拆开膜时靠物体太近，防止物体上的灰尘被静电所吸附
拆开膜时有人开门	拆开膜时或洗好玻璃后，**要注意尽量不要让车外人员开门，用力开门时可能会造成外界空气快速进入，随之带来大量的灰尘或沙粒**
冷气风速过大	夏天气温炎热，是隔热纸销售旺季，当气温很高时，难免会在车内开着冷气贴膜，但在拆开膜时冷气风速应调到最低，在拆完膜并贴到玻璃上之后再将风速调大
喷水器底部不干净	喷水器在使用时通常放在地上、脚垫上或椅套上，底部一般不太干净，当进行拆膜时，若喷水器在膜上方来回晃动，其底部存在的沙粒、小石子会掉在膜上，应擦净喷水器的底部后再使用
手捏部分	透明膜被拆开后，必须用两个指头捏住隔热膜，手捏的部分会出现指纹和沙粒，难度在于以能控制膜为原则尽量捏少一点儿
刮水方式不正确	在对玻璃进行清洗时，刮水器不能随便刮水，或刮水断断续续，或不知收尾，刮水有固定方式，不然会带来沙粒
冲水	在刮水器无法完全到达旁边或底部时，必须要对其进行冲水；若清理时使用卫生纸，**则要注意应使用脱脂卫生纸**，目的是为了防止遗留灰尘。**旧车或三角窗的冲水更应引起注意，千万不要在顶部冲水，以避免脏物随水下滑**
刮水方向	贴上膜后的下一步就是刮水，水可以自上往下、由左到右或由右到左刮，但为了避免水往下流带动沙粒下来，不能将大量的水从下往上

四 太阳膜质量的鉴别

太阳膜的品种有很多种，且质量参差不齐，因此在购买时要仔细辨别。

项目	操作方法与要求
看	透光率是选择的第一要素，劣质膜通常会让人有雾蒙蒙的感觉，不仅影响美观，有时还会影响驾驶人的行车安全。颜色是选择的第二要素，优质太阳膜的颜料是高质量的产品，能渗透在太阳膜中，且能长时间保持原有颜色。劣质太阳膜在粘贴过程中经刮板作业会有颜色脱落现象，而优质太阳膜则不会。气泡是选择的第三要素，将太阳膜的塑料内衬撕开后再重新合上，优质太阳膜在合上后依然能保持原有本色，而劣质太阳膜则会有起泡现象出现
摸	摸捏优质的太阳膜时会有厚实平滑感，劣质太阳膜则手感薄且脆
试	体现太阳膜质量好坏的一个非常重要的因素是太阳膜的隔热性，但要评价太阳膜的隔热性，光凭眼睛和手是不够的。若条件允许，可以进行一项比较试验，首先把一块贴着优质太阳膜的玻璃放在碘钨灯上，用手只能感到轻微地热；而换上另一块贴着劣质太阳膜的玻璃，手会立即感到很热。如此一来，太阳膜的质量就露出其本来面目了。通常情况下，经过国家质量监督检验检疫总局验证合格的太阳膜的隔热性等方面都是可信的。此外，在对膜的颜色进行挑选时，要把它放在车窗上，并关好车门，切勿在太阳光底下辨别它的颜色。由于在阳光下单看哪一种膜的颜色都是很浅的，因此只有在车内试过之后，才会得到你想要的效果，而不至于在颜色上有误差

第二节 汽车防盗装置

随着汽车数量的增多，车辆被盗的案件也越来越多，这也在困扰着每位车主。目前，市场上各种电子防盗器令人眼花缭乱，有很多新款轿车上都已经安装了原厂的汽车防盗器，而有些车辆的钥匙上有防盗芯片，可随机改变开锁密码。目前，有些车型已经开始使用隐形 IC 卡，车主只要走进车辆周围 3 ～ 5m 的范围，防盗器就会自动解锁；当车主离开车辆 5m 后，车门就会自动上锁。

一 汽车防盗器的定义

在车上安装、使盗车难度增加且盗车时间延长的装置，就是汽车防盗器，它对汽车的安全至关重要。防盗器和汽车的电路配接在一起，因此可以避免车辆被盗，能安全地保护汽车。

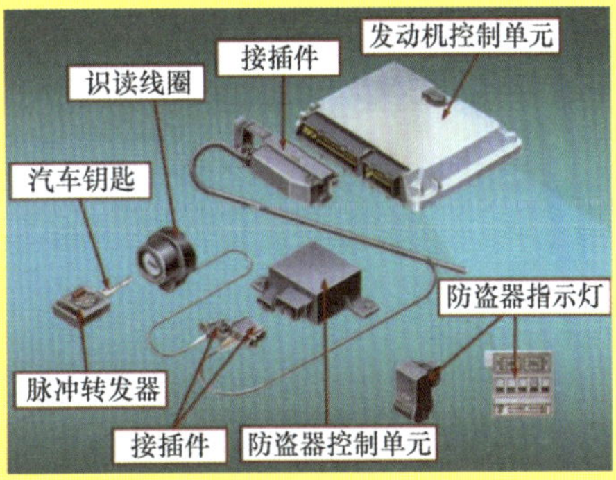

汽车防盗器总成

二 汽车防盗器的类型和特点

随着科学的发展，人们研制出了种类繁多且结构不同的防盗器，现在的防盗器按其结构可分为四大类：机械式、机电式、电子式和 GPS 卫星定位汽车防盗系统。

类别	基本特点
机械式的防盗锁	机械式的防盗锁大量应用于早期的汽车防盗上。机械锁自诞生到现在经过了多次的技术升级。钩锁、方向盘锁和变速杆锁等都可被列为机械式防盗器，它们的防盗原理主要是通过锁定离合、制动、加速踏板或方向盘、变速杆进行防盗，只防盗不报警。它价格便宜，安装简便，可以在一定程度上吓阻盗车贼。而防盗不彻底、每次拆装比较麻烦是它的主要缺点，且不用时还得考虑其存放位置  
机电式防盗装置	中央门锁是一种机电一体式的防盗装置。其工作原理是用信号来控制门锁的开启或锁止，并由驾驶人集中控制所有车门。当把驾驶人侧车门门锁锁住（或打开）时，其他几个车门及行李箱都能锁止（或打开）；若要打开车内的个别门锁，可分别拉开各自门锁的按钮
电子式防盗器	电子式防盗器解决了机械锁只防盗不报警的问题。汽车电子防盗系统是在原有中央门锁的基础上加设了防盗系统的控制电路，从而使汽车在移动时能同时报警。现在比较常见的防盗装置是电子防盗锁。如果汽车或车上的物品被盗时，防盗系统可切断起动电路、喷油电路、点火电路、供油电路以及将制动锁死等，同一时刻还会有不同的求救声光信号发出以进行报警，从心理上震慑盗车者，在很大程度上可阻止盗窃行为的发生 插片式、按键式和遥控式等都可被列为电子式防盗器，且有各自的特点。其中，可遥控防盗器的功能全面、简便安全，可带有振动侦测门控保护等功能。随着防盗技术的快速发展，遥控式汽车防盗器的功能也随之增加，不仅操作方便，还很实用，如遥控送放冷暖风、遥控开行李箱等。目前，已出现了双向功能的电子防盗器，车主不但能遥控车辆，还能了解汽车自身的状态，例如车窗玻璃被破坏或车门被开启等。电子防盗器的缺点是误报警现象时有发生，而且也无法解决车辆丢失这一根本问题  插入方向盘的汽车防盗识别器
GPS 卫星定位汽车防盗系统	GPS 卫星定位汽车防盗系统（或其他网络系统），是全方位的防盗系统，能将报警信息和报警车辆的具体位置悄无声息地传送到报警中心，具有车辆定位、路况信息查询、遥控熄火、人工导航、网络查询及跟踪等多种功能

类别	基本特点
GPS 卫星定位汽车防盗系统	GPS 卫星定位汽车防盗系统属网络式防盗器，是靠锁定点火或起动来进行防盗的，同时还可将报警信息和报警车辆具体所在地悄无声息地传送给报警中心。必要时可以使用手机关闭车辆油路、电路并锁死所有门窗。当 GPS 防盗器遭到非正常的拆卸时，它能自动发出报警信息。但现在选用该装置的车主并不多，主要原因是其价格昂贵 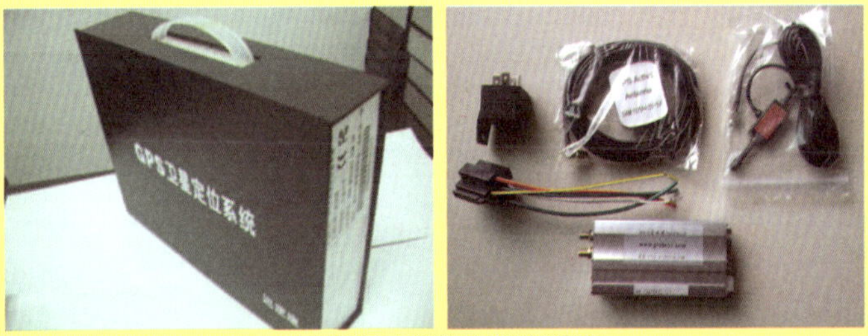 GPS 卫星定位汽车防盗系统

三 安装方法

下面以“铁将军”牌防盗系统在凯美瑞车型上的安装为例，大致讲解一下汽车防盗系统的安装步骤与要求。

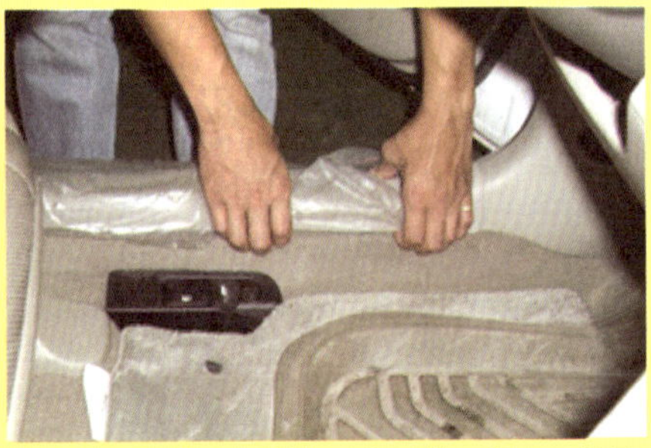

（1）首先要拆掉左前车门的门槛压条。压条是靠扣钉固定的，向上小心提拉，使钉扣松脱

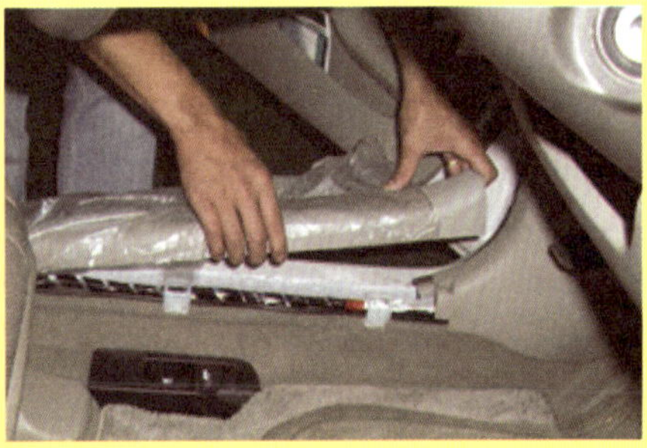

（2）门槛压条和车体分离开来

（3）取掉制动踏板边上、侧板上部的塑料螺母

（4）侧板里面有一个扣钉，要轻轻地往里面推，使侧板脱离

（5）用套筒取掉表台下装饰板左下方的螺钉

（6）取掉表台下装饰板右下方的十字螺钉

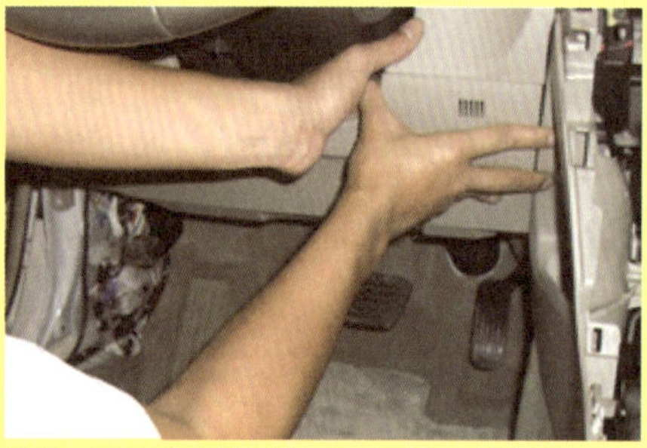

（7）小心打开塑料装饰板。**注意，装饰板里面有扣钉连接，可稍用力往外拉**

（8）同样拉脱左边的扣钉

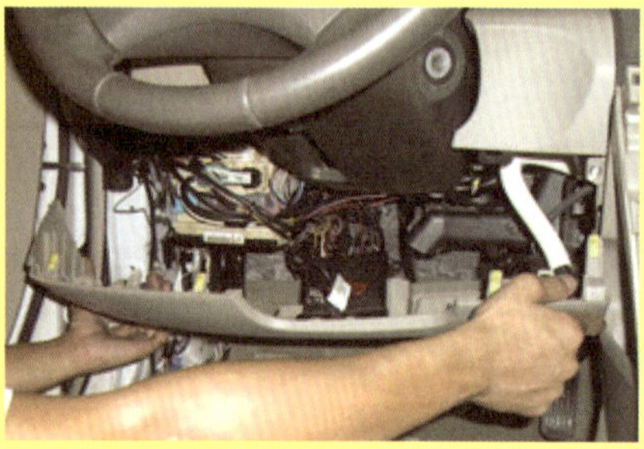

（9）这时，装饰板可从车身上脱离开来

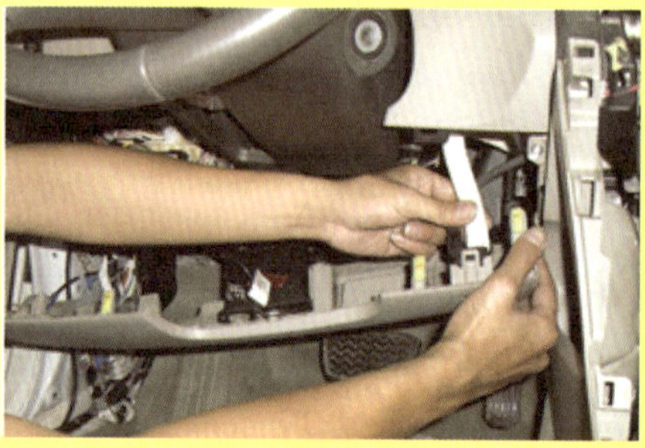

（10）右边有原车插头，应小心拔掉

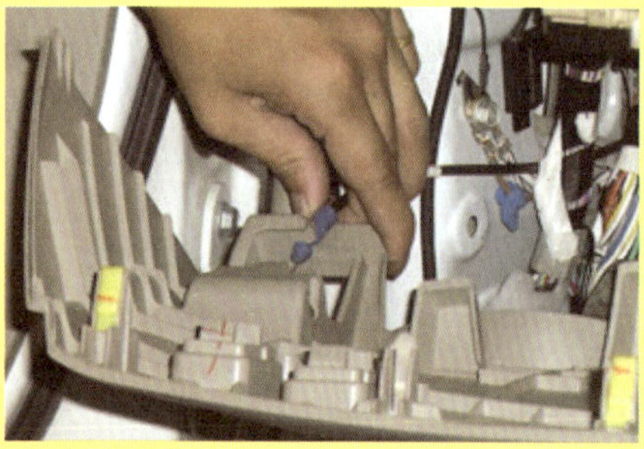

（11）左边是发动机舱盖拉线开关，如图所示把蓝色线头向右推出

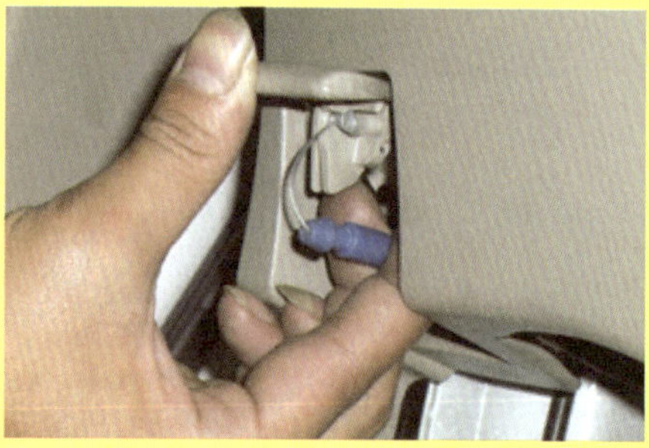

（12）并用手指夹住线头，拉出塑料沟槽，即可取掉拉线头

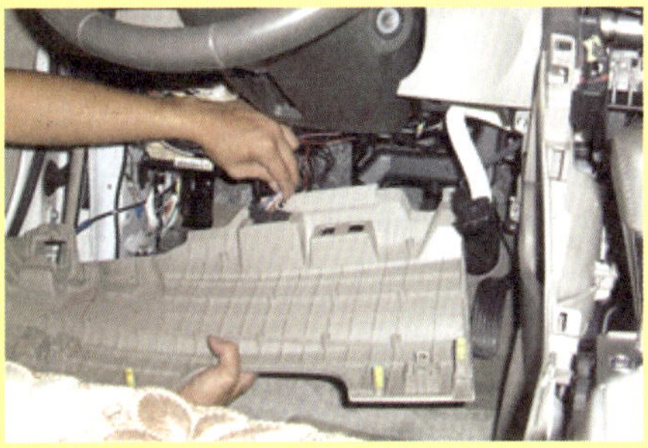

（13）中间部分是电脑检测端口，小心取出，整块饰板即可被完全取下

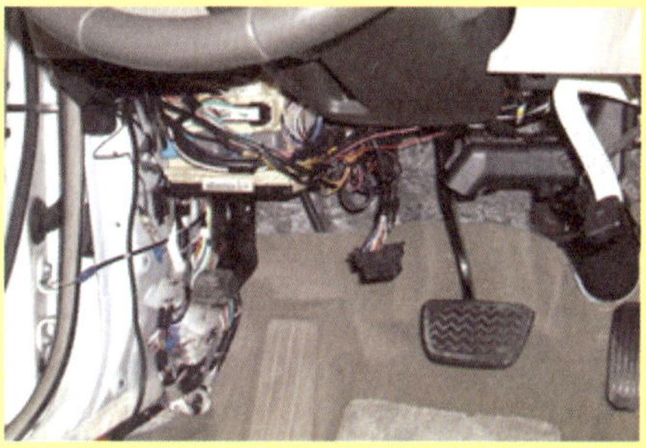

（14）取掉方向盘下部的饰板，下一步的接线工作将在这里展开

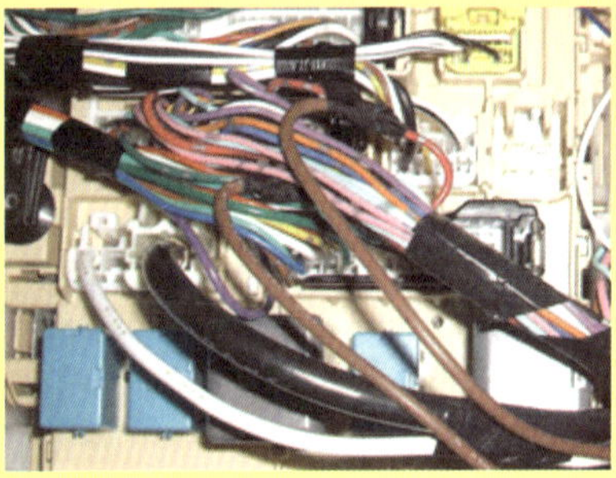

（15）黑色粗线为 12V 常电，把防盗主机的 12V 线和它连接；蓝色粗线为 ACC，把防盗主机的白色 ACC 与它连接；白色为行车制动线，把防盗主机橙色的行车制动线与之连接

（16）绿色和红色为转向灯，把它和防盗主机线组里两条棕色的转向灯线相连，无需考虑左右

（17）中控锁为负触发。原车紫色线为关锁线，把主机线组里的白色关锁线与它连接；原车灰色为开锁线，把主机线组里白黑色的开锁线与之连接

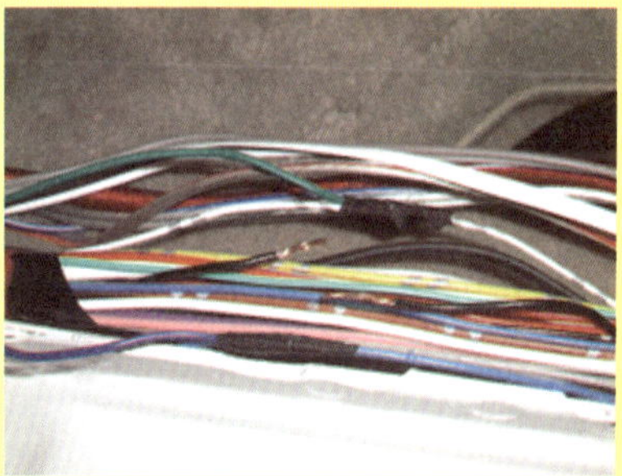

（18）原车制动踏板线束里的蓝色线是门灯线，把主机线组中蓝色的边门触发线与之连接

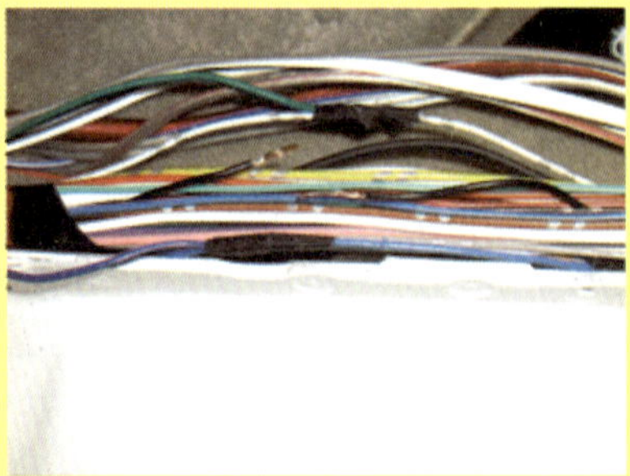

(19) 原车制动踏板线束里的蓝色线是门灯线，把主机线组中蓝色的边门触发线与之连接

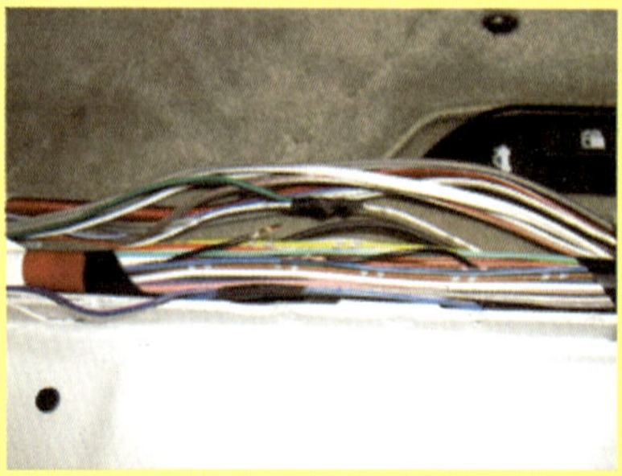

(20) 原车制动踏板线束里的黑色线为开启行李箱线，是正触发，需剪断后加继电器

四 注意事项

(1) 一定要把汽车的防盗锁安装到位，最好让锁芯的朝向平行于车体地板，与车内固定物的距离越近越好，但起码要保证 100mm 以上的空间。

(2) 确保车辆安全的有效方法是对汽车的关键部件上锁并使锁的防破坏能力增强。因此同时使用汽车报警器和汽车防盗锁进行防盗，发挥其各自的优点，才能更具有防盗效果。

(3) 防盗系统虽然很强大，但并不是万无一失的。目前，不少的轿车在出厂前会预装车用电脑防盗系统。要想让计算机通知相关系统开始工作，并起动发动机，只有钥匙芯片中的数据与车载电脑预存的数据相符才行。若防盗系统出现故障，切勿自行拆卸，要到专业维修店使用专业解码器将故障码清除以排除故障。

第三节 汽车静电器

一 静电的产生

电压高、电量低、小电流和作用时间短是静电所具有的特点。大多数静电的产生通常是由于摩擦和分离造成的。两个物体摩擦产生热，使材料内部的分子活跃起来，然后使二者分离，电子就有可能从一个物体转移到另一个物体了。

当电子转移、缺乏或产生过多的电子便能创造一个电场，这个电场就是我们所指的静电。

导体是原子之间很容易转移电子（或电荷）的物质的总称。绝缘体是那些不能转移电子（或电荷）的物质。在静电的作用下，不论是导体还是绝缘体都可能带电荷。

人体自身的动作或与其他物体的接触、分离、摩擦或感应等所产生的静电可达几千伏甚至上万伏。

静电会严重危害到多个领域。电子工业中的两大危害便是摩擦起电和人体静电。

耗散、中和、增湿、屏蔽与接地是生产过程中静电防护的主要措施。

静电防护工作是一项长期的系统工程，为避免静电防护工作的失败，不能有任何环节的失误或疏漏。

二 静电的危害

静电在我们的日常生活中到处都有，我们的身上和周围带有的静电电压就很高，会有几千伏甚至上万伏，通常情况下我们可能体会不到。例如，人走过化纤地毯产生的静电大约是35000V，翻阅塑料说明书产生的静电大约是7000V，对于一些敏感仪器来讲，这么高的静电电压可能会造成致命的危害。

三 汽车静电放电器的工作原理

静电放电器通过其内部的金属导线将车内静电传导到放电器上，再通过空气或者地面传导到大自然，以达到消除车内静电的目的。静电放电器分两种，一种是对地的接地式放电器，一种是对天的空气静电放电器。接地式放电器较为传统，也被称为褡裢式放电器，这种对地的褡裢式放电器形同倒车雷达，固定于车尾，末端接触地面，从而将静电导入地下。我们时常看到一些车辆后面拖着一条“尾巴”那就是褡裢式放电器。而对天的空气静电放电器则粘贴在汽车尾部，是一种形似天线的物体，也叫“除静电天线”，其外观比较新颖，有些更因可以和车载天线共用而广受欢迎。业内人士建议，两套都装的话，其防止静电的效果要比单装一种要强得多。此外，市面上还有一种小巧的静电释放棒，通过接触金属的瞬间释放静电。静电放电器种类繁多，其市场售价从几十元到上百元不等，功能基本无差异，主要是外观的不同带来价格上的不同。

接地式放电器

空气静电放电器

四 汽车静电器功能

（1）消除汽车静电。

（2）减少附着在汽车上的灰尘。

(3) 降低汽车中电子产品的杂音、噪声，改善视听效果。

(4) 延长汽车上电子元器件的使用寿命。

(5) 减小汽车因静电发生自燃的可能性。

五 安装步骤与方法

(1) 产品需要在车身上安装。

(2) 先用中性清洁剂清洗干净车身安装位置上的灰尘、污垢，然后再进行安装。

(3) 将汽车净电壳底的探针调整好后再进行安装，以保证安装之后的探针和车身能有良好的接触。

(4) 撕下汽车净电底板上的胶贴的保护膜并对准正确的安装位置，然后粘贴牢固。

需要注意的是，静电器切勿安装在车身的非导电位置上（如玻璃上等），也不要安装在车门、车箱盖等位置，车身顶部才是最佳的安装位置；产品底板上的胶贴在粘贴后达到最大粘贴强度需在 24h 后；胶贴的粘贴只能进行一次，撕下后不能再用。

第四节　汽车倒车雷达

汽车倒车雷达是汽车泊车时的安全辅助装置，能使驾驶人了解周围障碍物的情况并且以声音或者更为直观的显示来进行提示。驾驶人在泊车和起动车辆时经常要前后左右地探视，可能会引起不必要的烦恼，此装置可为车主排忧解难，并能提高驾驶的安全性，因其帮助驾驶人解决了视野死角和视线模糊的问题。

倒车雷达的探头（超声波传感器）在工作

一 倒车雷达的作用

作用	简介
超声波传感器	超声波传感器发射并接收超声波信号，通过超声波传感器可以完成对距离的测量  超声波传感器

作用	简介
主机	主机的作用是产生正弦波脉冲给超声波传感器，处理其接收到的信号，并且换算出距离值，然后把数据传递给显示器 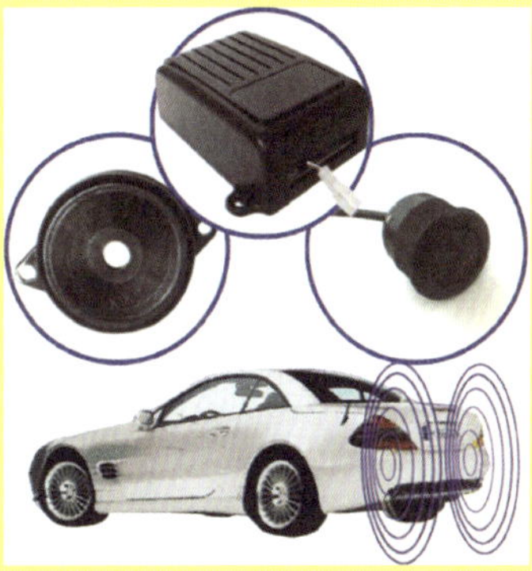 倒车雷达主机
显示器及蜂鸣器	显示器显示距离值，同时能通过蜂鸣器提供不同级别的距离报警音 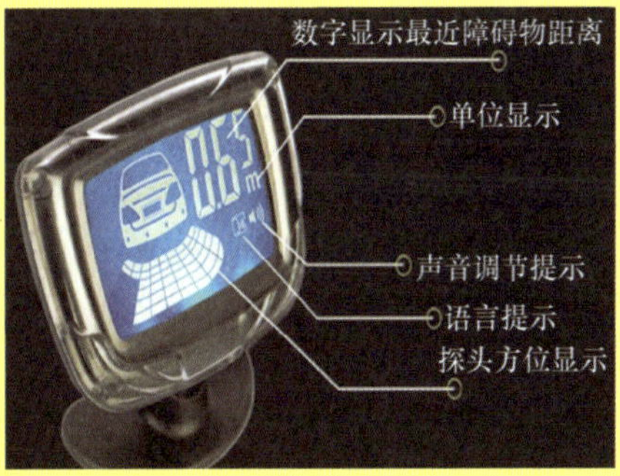 倒车雷达显示屏  倒车雷达蜂鸣器

二 倒车雷达的工作原理

倒车雷达由超声波传感器（探头）、控制器（主机）和显示器（或蜂鸣器）等组成。倒车雷达超声波测距由控制器控制，并由传感器发射超声波信号，若遇到障碍物就会有回波信号，传感器经控制器将收到的回波信号进行数据处理并判断出障碍物的位置，再由显示器显示距离并发出警示信号，得到了及时警示后，驾驶人倒车时便能了解到车周围的具体情况，使倒车更加安全。

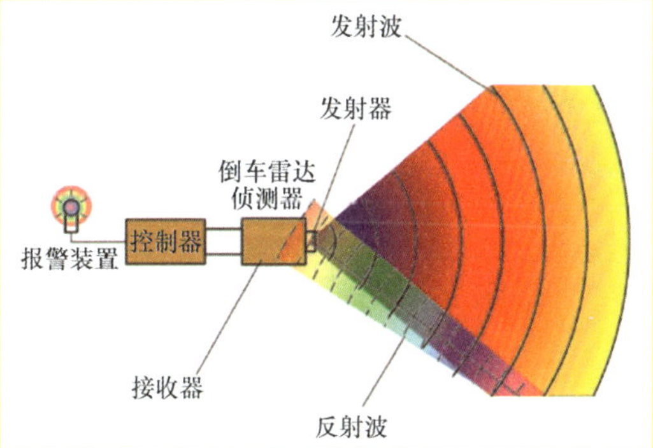

倒车雷达工作原理

以前，倒车雷达产品只在轿车上有所应用，而且是高档轿车的标准配置。目前，新型的倒车雷达在探头方面的改进很大，无论是旅行车还是已加装保险杠的越野车等都有相应的感应器与之匹配，令倒车雷达逐渐得到了普及。

新型的倒车雷达除了提供声音提示外，其他的功能还有：可通过选装显示器看车后的情况，辨别方位且体现距离，报警声音可调节。

可视倒车雷达

三 倒车雷达的选购

项目	注意事项
外观	选购倒车雷达时，要考虑到其安装后与汽车的协调性，要做到美观、得体。例如，传感器的颜色与保险杠的颜色能否相一致，是否有大小合适的尺寸等。传感器根据其外形通常分为融合式和纽扣式两种，融合式传感器表面的造型会有多种变化，而纽扣式传感器的表面通常是平的。车主可按照自己的习惯选择前置式或后置式显示器，通常情况下，主要以清晰、美观为标准
功能	倒车雷达根据其功能可分为 LCK 距离显示、声音提示报警、方位指示、语音提示、探头自动检测等，声音提示报警、距离显示、区域显示和方位指示等是一个功能较齐全的倒车雷达应该具备的，某些产品还具备开机自检的功能
性能	主要依照探测的准确性、显示的稳定性、探测范围和捕捉目标的速度等因素来衡量倒车雷达的性能。探测的准确性主要以探测误差来衡量，显示距离和实际距离之间的差距为探测误差，通常好的倒车雷达的探测误差要小于 3cm，而更好的则能达到 1cm 的误差。但一般产品会有 10cm 的探测误差 衡量显示的稳定性主要是看当障碍物出现一些状况时，倒车雷达能否稳定地把障碍物的情况显示出来 为防止行人突然从车后穿过，驾驶人来不及反应而造成交通事故，就要求倒车雷达捕捉目标的速度要快，这能反映出倒车雷达对移动物体的捕捉能力

四 倒车雷达的安装

1. 安装位置与方法

项目		注意事项
粘附式安装	安装位置	粘附式安装无需在车体上开孔，在适当的位置把报警器粘贴上即可，但仅限于具有粘贴性探头的报警器。汽车美观均不会受安装、拆卸报警器的影响 这种报警器通常安装在尾灯附近或行李箱门边上，0.66~0.8m 为探头安装的最适宽度，0.55~0.7m 为安装的最适离地高度

项目		注意事项
粘附式安装	安装方法	（1）在感应器（探头）上套上附带橡胶圈，引线向下且垂直于地面；通常不会在汽车最尾部安装探头，防止被撞坏 （2）确定安装传感器（探头）的位置，侧视 90° 应无障碍物，不然会对探测结果产生影响，出现误报警 （3）必须选择垂直方向进行传感器贴合，不能向上或向下，否则会影响使用 （4）把双面贴用电吹风加热，然后将面纸撕下，贴在确定的部位，48h 后便可达到最佳贴合效果 （5）应将报警器的闪光指示灯安装在仪表板易被驾驶人视线捕捉到的位置上 （6）控制盒安装的位置要安全、凉爽、干燥和防水，通常在行李箱侧面上安装 （7）通常将蜂鸣器安装在后风窗玻璃前的平台上 （8）应避免传感器屏蔽线被压扁或刺穿，且铺设要隐蔽
开孔式安装	安装位置	安装开孔式探头的报警器时，通常在汽车尾部或保险杠上安装探头，其他部件的安装方式与粘贴方式相同
	安装方法	（1）在车尾或保险杠上开孔 （2）在已经打好的孔内安装上胶套 （3）把已经连接好的探头从基材背面安装在探头胶套上 （4）探头的颜色要与车身或保险杠的颜色相配

2. 安装示例

下面以“铁将军”牌倒车雷达在铃木雨燕车上的安装程序为例，大致介绍一下倒车雷达的安装方法。

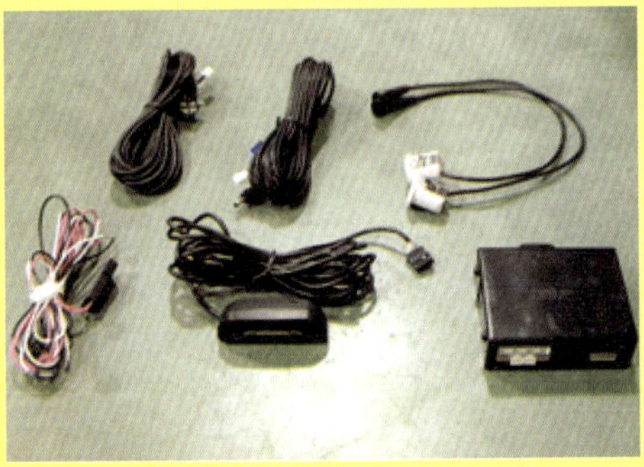

（1）倒车雷达待安装产品一套。分别为两条探头延长线、两个超声波探头、线组、显示器和主机盒

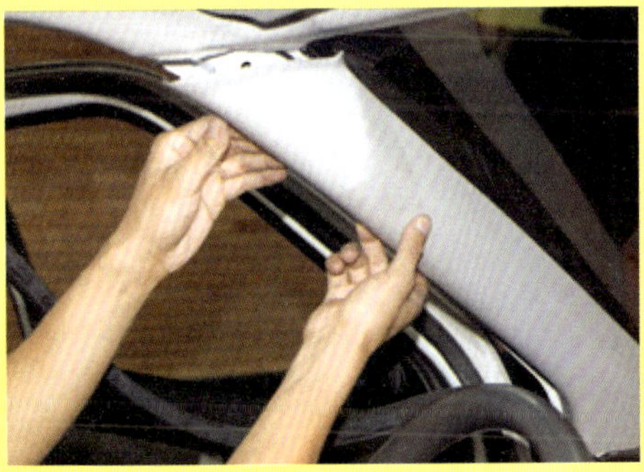

（2）拆掉驾驶人侧 A 柱装饰板，以方便显示器过线

（3）拆掉方向盘下部的装饰板

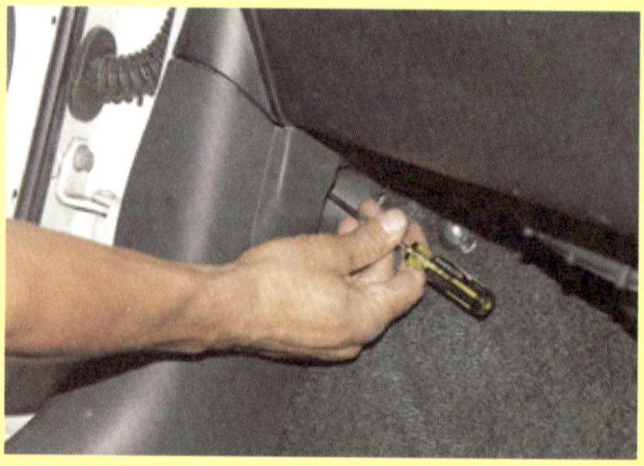

（4）拆门槛边上的侧板前，应先取掉固定螺钉

（5）取下侧板

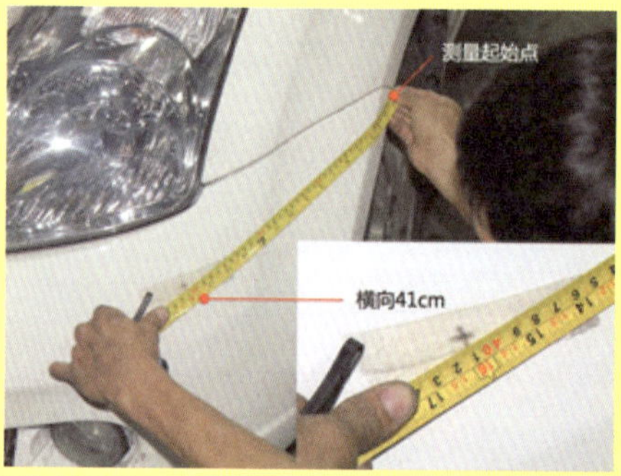

（6）接下来，我们要给 E、H 探头定钻孔位。从保险杠和翼子板的接缝处向前测量 41cm 即为 E 探头的位置

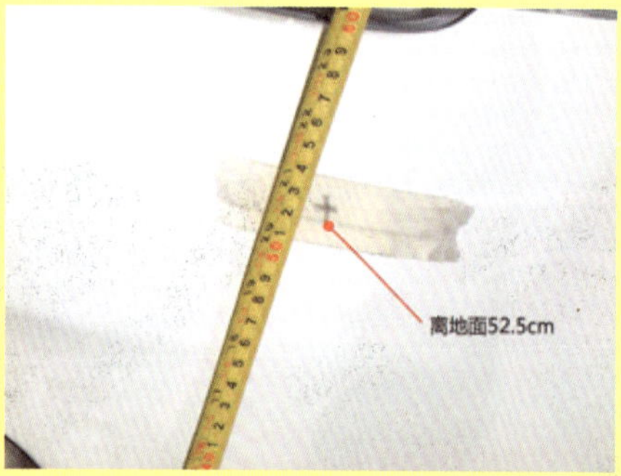

（7）高度定在离地 52.5cm。定位完毕，在预先贴好的美纹纸上画上十字

（8）**注意在定位 H 探头的高度位置时，不要直接以地面为标准向上测量。**因为车辆由于左右轮胎气压不同以及车内货物重量等因素其左右探头与地面间的距离并非完全相同，所以我们应该从相对应的车体位置来定位。如：E 探头距车灯接缝 10.5cm，那么 H 探头的位置也应从车灯接缝向下量 10.5cm，这样才能保证左右探头完全对称

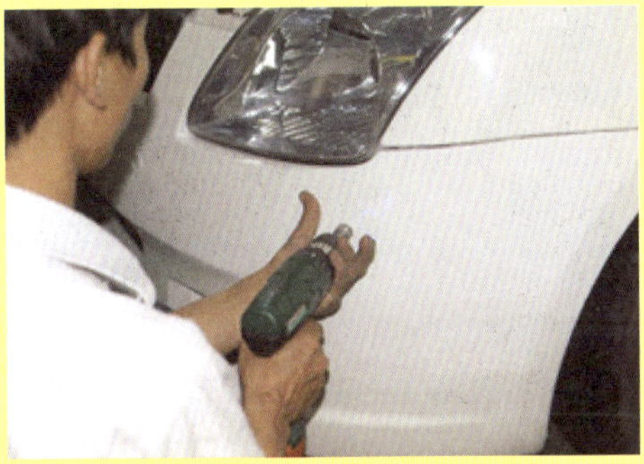

（9）定位完毕即可钻孔，钻孔过程中应注意及时清理钻头内的碎屑

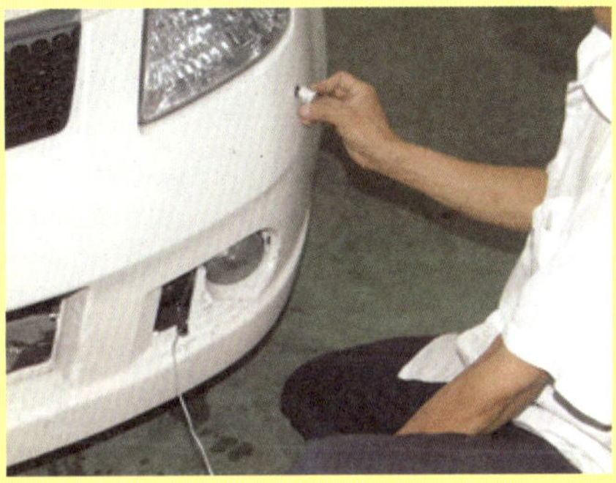

（10）把探头连接到延长线上，利用铁线把延长线导入发动机舱并安装上探头

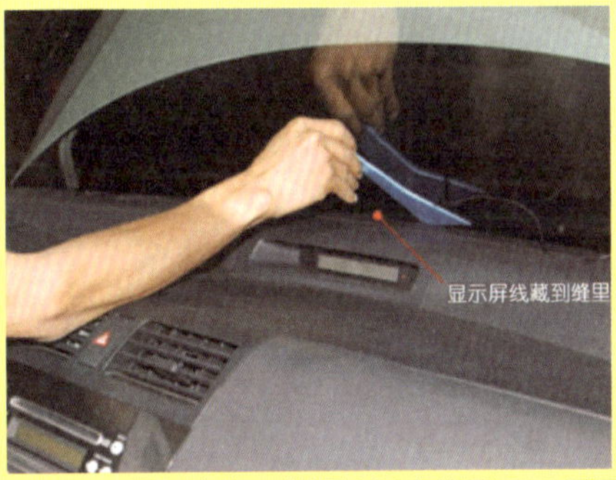

（11）由于原车左边 A 柱下方已安放了 GPS 显示器，雷达的显示器须放置到右侧 A 柱下方，把显示器线用胶刀藏入风窗玻璃和中控台的接缝里

（12）把显示器用 3M 胶粘贴到 A 柱下

（13）雷达线组粉色的 ACC 线接到原车方向盘下浅蓝色的 ACC 线上

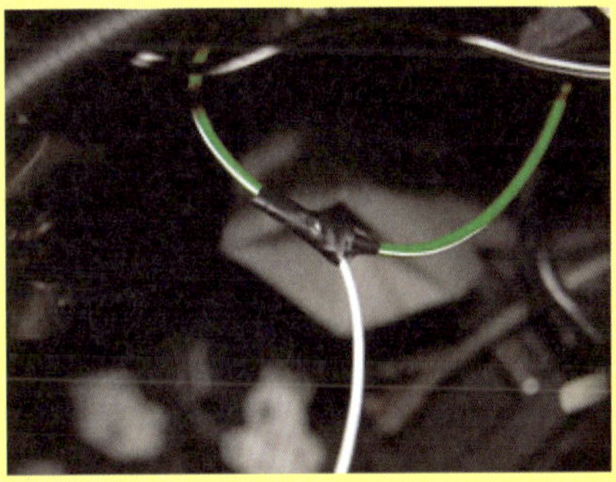

（14）雷达白色的行车制动线接到原车绿白色的行车制动线上

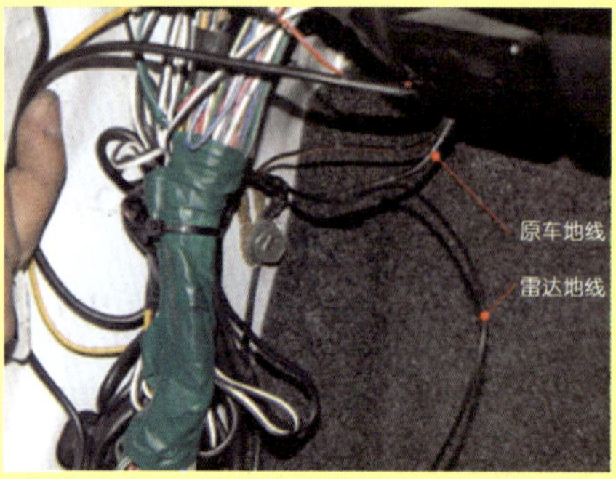

（15）把雷达线组的黑色地线接到原车门槛下的黑色地线上

（16）接线完毕后，把主机安装到方向盘下方合适的地方。测试功能正常后，即可恢复拆下的饰板和饰条，安装即结束

第五节　汽车天窗加装

一　汽车天窗的安装要求

为爱车选好天窗后，还必须进行高规格的安装。如果安装的质量差强人意，经过一段时间的使用后，便会出现难以开启天窗、车顶渗水等现象。

1. 天窗的安装步骤与要求

项目	注意事项
详细阅读天窗安装的使用说明书	在仔细阅读天窗的安装和使用说明书后才能进行安装，如有必要，应按照配套安装的使用要求再重新检查一遍。若发现问题，要及时进行调换
按天窗的安装要求进行施工	要严格按照天窗的安装使用说明书进行安装。说明书上对安装的要求、步骤和方法都有明确的规定 电动天窗的安装步骤如下 （1）首先把汽车清洗干净并将安装所需要的工具和配件准备好 （2）确认汽车电路完好无损，要打开前照灯、音响等电器设备进行检查 （3）把汽车的棚顶在驾驶室内拆卸下来 （4）对天窗的安装位置进行准确测量，在准备安装天窗的位置用不干胶将施工图纸精确固定住，在车顶利用电钻钻孔定位（至少4个） （5）将天窗位置用电剪按照施工图纸标线（通常第一遍是沿着内框红线）剪下来（如果安装的天窗较大，可能会占据车顶安全防颤梁的位置，在此情况下应锯掉安全防颤梁） （6）将天窗的安装位置沿着施工图纸标线（外框精确控制线）准确地剪出来 （7）打磨剪出的切口至圆滑并涂抹防锈剂做防锈处理 （8）按照安装天窗的位置，精确测量出所需内顶的尺寸并裁剪内顶 （9）精确地把天窗安装到车顶上，并将固定螺钉拧紧。然后把排水管和天窗驱动电动机等部件固定好

项目	注意事项
按天窗的安装要求进行施工	（10）把仪表板拆开，遵循说明书的要求接好电线并进行隐蔽布置 （11）将汽车内棚顶、仪表板等装回原来的位置，安装电动天窗控制盒
检查安装质量	安装完天窗后，要检验安装质量并进行试运转，例如做淋雨试验等，以检验天窗的性能及安装质量

2. 汽车天窗安装示例

下面以奇瑞 QQ 加装德国伟巴斯特天窗为例，大致讲解一下汽车天窗的加装方法。

第一步：确定尺寸，贴胶布。

第二步：切割内饰

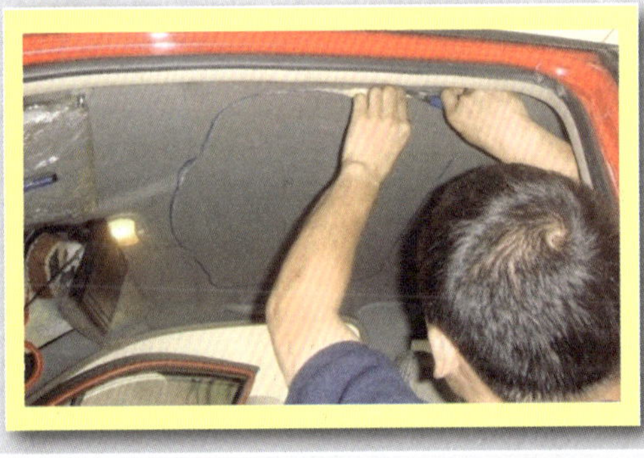

第三步：切割车顶

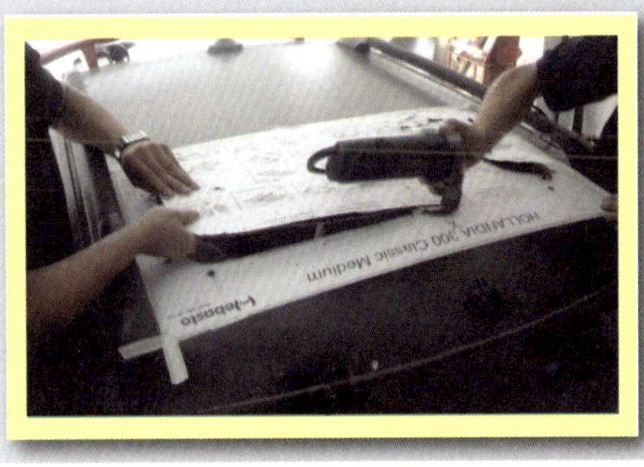

第四步：修理切割边幅

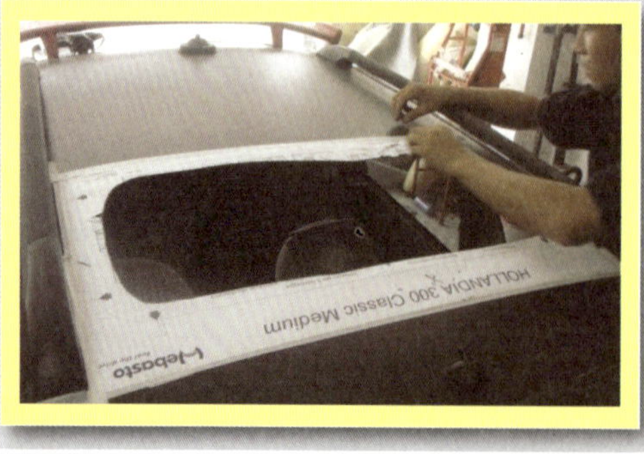

第五步：在天窗上贴上密封条

第六步：安装天窗

第七步：固定螺钉

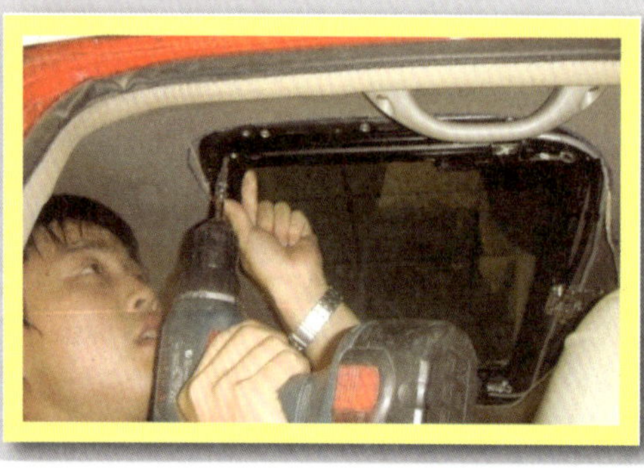

第八步：从A柱布线

第九步：安装完毕

外滑式，完全打开时的样子

一键式开关

二 加装天窗的注意事项

安装汽车天窗的过程中不能受到任何外界干扰，作业时要求细致、认真，若条件允许，在封闭的车间中安装为最佳。安装时要使用专业的安装工具，如果天窗切口处理不得当，汽车今后的防水会受到直接影响。安装的关键技术为天窗内外两层框架的合并，在合并的同时还要做密封处理。只要按照正确的操作步骤进行科学的安装，通常情况下是不会出现漏水现象的。

内藏式天窗的边框上通常有4～6个固定支撑点，螺钉固定在车门纵梁上，无需车顶承重。安装外掀式天窗后一般要在车顶上用12～16个螺钉将天窗的内外框架夹紧，使天窗与车顶基本联成一体。

也有人认为，加装天窗时，尽量不要用除天窗自带的零件外的其他加强梁进行补救。虽然车身的轻微变形在加了加强梁后会减少一些，但这些加强梁要采用局部焊接的方式加装，因车顶较薄，通常情况下，焊点的强度不会很大，所以对车顶的加固不会起到根本上的作用。尤其要注意的是，在发生事故时，这些加装梁还可能会成为潜在的“杀手”，威胁司乘人员的人身安全。

吉普车、跑车等非一般的车型不适合后加天窗。因为吉普车和跑车的车顶的钣金结构比较复杂，有的车顶还安装有其他设备，比如空调管路、电路、灯具等。通常情况下，这些车辆不具备后加天窗的条件，故难以安装。

三 加装天窗的疑问

类别	说明
加装天窗是否漏水	加装天窗时使用特制胶水和紧固件来连接天窗与车顶，通过用二十余只螺栓夹紧铝合金内、外框的密封材料可解决漏水的问题。外倾式天窗的玻璃板和框架之间的防水需用密封圈；内藏式天窗为了不让雨水渗入车内，其四周设有排水管，能将进入天窗周围的水排走。而且，安装天窗后都要进行射水测试，如果在测试中发现了一些问题，就要马上解决
天窗能否减弱车顶部的刚度	汽车天窗与车顶固定时，天窗的合金框架不会使车顶的刚度减弱，反而会提高其刚度、加固车顶。为避免车顶下陷，在支撑天窗时，汽车顶部要用特别的支架
天窗的电路	电动天窗的控制系统依靠配置电脑程序来完成，操作简便快捷。安装天窗后，其还具有防火的功能，若遇障碍物时，其开闭和记忆识别功能会自动停止 有些车主会担心，这个装置是否会对车内的其他电路形成干扰。其实无需多虑这个问题，因为天窗的线路是在电瓶上直接连接的，不隶属于任何分支，因而对其他电路不会形成干扰
安装天窗后是否有很大的噪声	向外抽车内的空气，不会出现类似开启侧窗时引起的灌风，这就是天窗的原理，同样也是排风扇的原理，因此形成的风噪会比较小。可以这样说，汽车天窗相比于侧窗，所产生的噪声是无足轻重的
天窗玻璃破碎是否会伤及驾乘人员	天窗有非常大的强度，是依照国际标准生产的钢化安全玻璃制成的，如发生碎裂，即会变成颗粒状，不会伤及到驾乘人员的人身安全

第六节　教你快速改装氙气前照灯

一 氙灯的特点

氙气前照灯是现今量产车上最为先进的前照灯光。

特点	说明
亮度高	普通的 35W 的氙气灯与 55W 的卤素灯光相比，前者比后者发出的光的亮度可提升 300%，在开车时会使视野变得更长、范围更广，使您在开车时体验到前所未有的舒适感，会有更加清晰的视野，还可降低行车事故发生的概率
寿命长	氙气灯的使用寿命较长，因其发光是利用电子激发气体，且不存在钨丝。按照以往实践的检验，氙气灯灯泡的寿命可以与车辆的使用寿命相媲美。这就是说，只有出现意外事故时，才需要更换灯泡。它的寿命与普通卤素灯泡寿命之比为 6 ：1，可见氙气灯的使用寿命确实高出一等
节能	氙气灯发光的亮度很高，从而使汽车电力系统的负荷大大减轻了；可节省 40% 的电力损耗，车辆性能也会随之提高，最终实现节约能源的目的

特点	说明
色温性好	氙气灯发出的光与太阳光的光色相似，在广大的车主中，赢得了良好的口碑。相比之下，卤素灯发出的光就显得有些黯淡了
安全性好	氙气灯的最大魅力体现为它的安全可靠。据不少使用过氙气灯的车主介绍，安装氙气灯的汽车，在行驶时视线将会变得更好，这对夜间驾驶的安全性提供了很大的保障。这主要是因为，氙气灯拥有更有效地多重光束和强度，在很大程度上能够提高车前方的照明，从而能够更加清晰地看到路边的标志，这些对汽车安全行驶所做的贡献是不可磨灭的
应急性好	氙气灯的发光原理与卤素灯不同，当蓄电池出现供电故障时，氙气灯在几秒之后才会熄灭，从而使车主有一定的反应时间来解决突发情况
价格昂贵	氙气灯组的价格较贵，普通的也会达两三千元，因而现在还无法在经济型轿车上广泛使用，而且维修的费用也不低

二 氙灯的选购

选购原则	注意事项
要货真价实	选氙灯时要注意产品的出处，不选假冒品牌，选购时最好选择进口知名品牌或国内有技术专利厂家生产的成套氙气灯具 现在的品牌真假难辨，有些假冒品牌的产品价格虽然便宜很多，但对行驶中的驾驶人来说，很难保证安全，对安全驾驶造成很大的风险
选氙灯要看欧盟 e-mark 认证	欧盟 e-mark 认证是世界公认的技术标准，如果氙气灯产品获得了此认证，不仅能保证过硬的产品质量，在使用中也不会干扰车内的其他电子设备
看产品的工艺细节	选购时，要仔细查看产品的工艺，比如安定器接线口的极性标注、防水设计、固定支架等，这些地方平时很难引起人们的注意，此时正能体现产品的成熟程度
工作温度	安定器能将汽油车的 12V 电压变压到 23000V，稳定工作电压在 7000V，起动电流高达 12A，稳定工作为 3.5A 左右。电压和电流如此之高，对电子元件而言是难以承受的。而质量好的氙灯的工作温度就会控制得较好，不会太高。安装完以后，最好点亮十几分钟，然后触摸安定器表面，感受其温度，若温度超过 60℃，则视为质量不合格，应选择放弃购买
氙灯的色温并非越高越好	氙灯的色温通常在 4000K ～ 6000K 之间，并不是越高越好，如果达到 8000K 或 10000K，反而会使照明效果下降。氙灯的色温有 4300K、6000K、9000K 等几种
不要忘记索要质保卡	在完成氙气灯的安装后，一定要记得向商家索要产品质保卡

三 一步一步看氙灯的改装方法

氙气灯与卤素灯相比，有不少优越之处，已逐渐成为中高端车型的基本配置。但是普通的氙气灯改装十分麻烦，包括防尘套的开孔、线路的更改、电源的接驳、安定器的放置等，整个改装过程需要耗时 1h 甚至更久。其实，改装氙气灯也可以不假手于人，自己动手 20min 也能改好。

本处以帝豪 EC7 的改装为例。这次改装时选取了色温 6000K 的 H7 灯泡，功率为 35W。车主可以根据自己的个人喜好选择灯泡型号与色温。

氙气灯泡色温区分对照表

色温	3000K	4300K	5000K	6000K	8000K	10000K	12000K	TB 天蓝	ZB 紫蓝	粉红
灯光颜色	黄光	白中带黄	白中带微黄	白光	白中带蓝光	浅蓝光	深蓝光	天蓝	紫蓝	粉红
亮度	3500lm	3200lm	2900lm	2600lm	2200lm	2000lm	1800lm	1500lm	1500lm	1500lm

（1）选择 6000K 的 H7 灯泡，功率为 35W。安定器采用一体化设计，不但美观，而且可以避免繁琐的布线问题。外层材料更能起到防水防热的保护作用。

（2）拆卸近光灯防尘盖。在进行改装之前，车主需要了解自己车型的近光灯与远光灯的位置。一般情况下，近光灯都在靠外侧，而远光灯则在靠内侧。帝豪 EC7 的防尘盖为软胶材质，并不难取下，稍微用力就可以取下来。

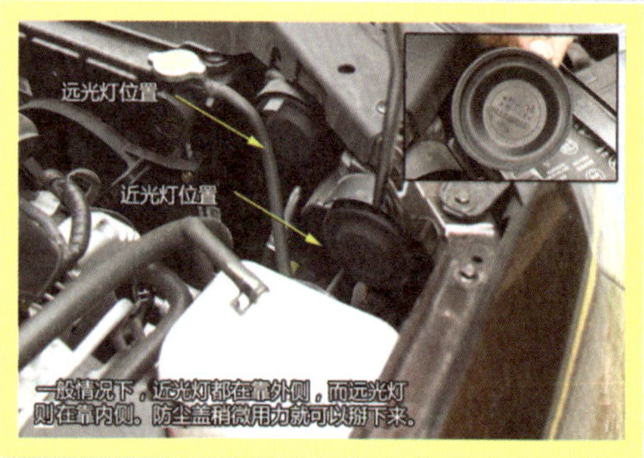

（3）拆卸弹簧固定夹。把防尘盖打开后，我们可以隐约看到其内部的构造。把 U 型的弹簧固定夹松开后，可以轻易地取出原车车灯。

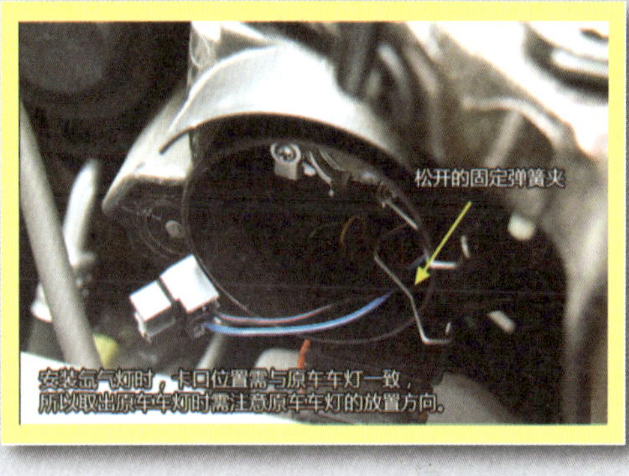

（4）拆卸弹簧固定夹。把防尘盖打开后，我们可以隐约看到其内部的构造。把 U 型的弹簧固定夹松开后，可以轻易地取出原车车灯。

把氙气灯安装正确后，盖上安定器。安定器上有两条线口，一条与氙气灯上的电源进行接驳，另外一条则与原车的电源进行接驳，**注意接驳的电源线颜色要一致**。

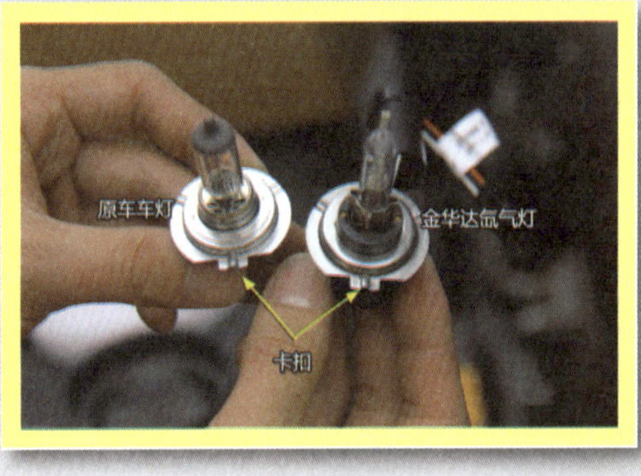

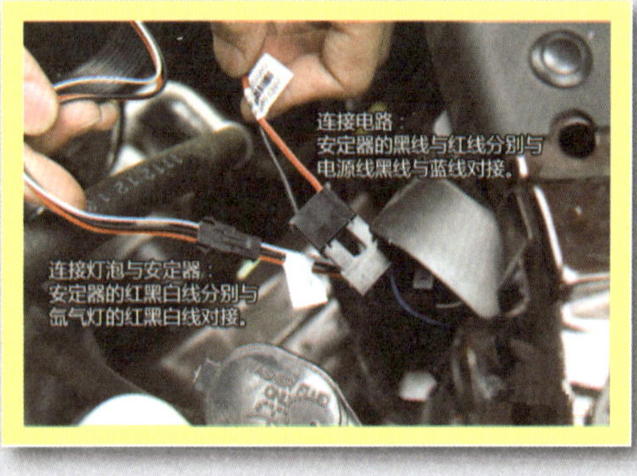

（5）安装固定。线扣接驳完成后，盖上安定器与防尘盖，然后用铁箍固定。

右边车灯的安装需要大约为 15min 左右，而左边车灯因为离蓄电池比较近，操作空间较小，需要时间会相对长一些。

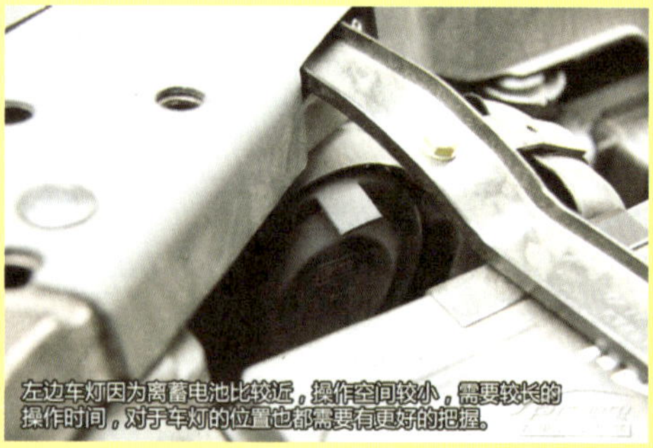

（6）改装完成后，我们一起来对比一下效果到底如何。因为我们使用的是专车专用型的氙气灯，所以更改前后，车灯光型并无改变，但是亮度提升了不少。原车的灯光更为偏黄；改装后，灯光的颜色接近日光灯，车主可以得到更好的视野。

原车近光灯

改装后氙灯近光灯

原车远光灯

改装后氙灯远光灯

第七节　汽车的隔音降噪

汽车隔音产品诞生于 20 世纪 80 年代末，到目前为止经过近 30 年的发展，已经形成了成熟的汽车隔音产品。在汽车的行驶过程中，这些产品不仅可以使车内的噪声降低，还能使汽车音响的音压和音色得到提升。所以说，汽车隔音产品原本创立的目的就是让更多的车主拥有更好的生活品位，并且能享受更优雅的驾驶乐趣，使生活得到升华。现在的汽车隔音产品，价格低廉且性能更佳，大多数的车主都可以享受其带来的高品位生活。

一　噪声的危害

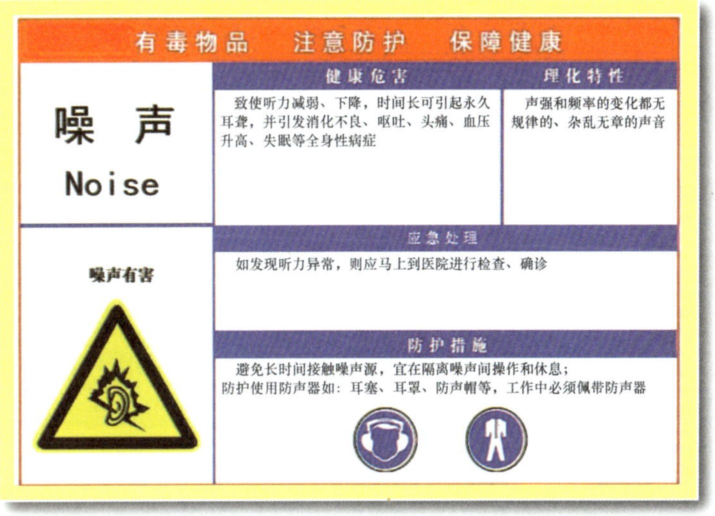

经科学研究者证实，如果人长期生活的环境的声音在80dB以上，会有50%的人出现耳聋。需要注意的是，如果经常戴耳机听音乐，严重时会导致永久性耳聋。此外，若噪声经常围绕在身边，则会产生一系列的不适症状，比如人眼的敏感性下降、瞳孔散大、色觉和视野不正常，从而出现眼花、视力下降、反应迟钝等现象。大多数经济型轿车在行驶的过程中，室内平均的噪音在75～85dB之间，因此要避免长时间的驾驶，长时间驾驶不但会使身心受到损伤，更是诱发交通事故的一个关键因素。

二　噪声是如何产生的

汽车的噪声到底来源于哪里呢？有针对性地找出车上不同的噪声来源后，才能对症下药，治理“噪声”。汽车噪声有四个“源头”：发动机噪声、轮胎噪声、空气中的噪声和车身结构造成的噪声。

噪声源	基本内容
发动机噪声	除发动机体发出的机械声外，还包括进气系统噪声，即高速气体经空气滤清器、进气管、气门进入气缸产生的噪声，在其流动过程中，会产生一种很强的气动噪声。发动机噪声主要从挡火墙和驾驶室的前底板部位传入驾驶舱的
轮胎噪声	一般的胎噪主要由三部分组成：一是轮胎花纹间隙的空气流动和轮胎四周空气扰动构成的空气噪声；二是胎体和花纹部分震动引起的轮胎震动噪声；三是路面不平造成的路面噪声
空气噪声	一是风噪，就是由车身周围气流分离导致压力变化而产生的噪声；二是风漏，或叫吸出音，是由驾驶室及车身缝隙吸气而与车身周围气流相互作用而产生的噪声；三是其他噪声，包括空腔共鸣等
车身结构噪声	主要是受两方面因素的影响：一是车身结构的振动传递方式；二是车身的金属构件在里外作用下振动而产生噪声

三　汽车隔音的功效

（1）汽车的钣金通过减振材料进行减振和密封处理，改善喇叭安装环境的缺陷，可使汽车音响的音压和音质恢复原有效果。

（2）汽车上的减振及隔音处理通过减振材料和隔音材料进行，可使汽车钣金结构传递的噪声降低，并拥有更加舒适的驾驶环境。

四 汽车隔音材料的选择

理论上，任何一种材料（物质）即使只是一张纸、一块布，都具有不同程度的减振、隔音、吸音能力。从以上的论述我们可以知道，密封、减振、隔音、吸音是阻断噪声传播的主要途径。若以减振为基础，然后进行隔音、吸音以及密封处理，便可以达到宁静柔和的效果。在全车进行隔音降噪的过程中，降噪的效果受到的影响，会直接在所使用的隔音产品本身具有的吸音性能上体现出来。

车用降噪产品可分为减震材料 、吸音材料、隔音材料和密封材料四类。现在市场上的隔音产品品牌种类繁多，但多数品牌不具有生产和研发的能力，只是变相地使用不同的工业用料。理想的汽车隔音材料从轻量化的发展趋势来看，应该是这几种隔音原理要综合运用到一种产品上，而绝对不只是减振、隔音、吸音产品的分别使用。

五 如何做好汽车隔音

1. 汽车隔音的工作内容

（1）发动机盖：高效反射和消耗噪声，同时阻隔发动机的辐射热量，保护发动机盖的漆面免受高温烘烤。

（2）前翼子板：抑制行驶振动噪声，有效阻隔胎噪、路噪传入驾驶舱。

（3）正、副驾驶舱脚底板：抑制车辆底板振动，阻隔路噪，克制颠簸噪声。

（4）四门：高效抑制车门钣金振动，阻隔外界噪声，将车门变成扎实的箱体结构，改善音响声场，提升音色、音质。

（5）行李箱：抑制振动噪声，改善音响效果，阻隔外界噪声传入。

（6）行李箱底板：消除胎噪，抑制底板振动噪声，克服嗡鸣声，改善音响效果。

（7）后翼子板及后轮弧：有效阻隔胎噪，消除空腔共振，阻隔路噪传向驾驶舱。

2. 什么样的车需要进行隔音改装

目前在售的所有车型在出厂时都有隔音措施，只是程度参差不齐而已。高档车由于定位高端，隔音做得自然非常出色，理论上讲没有再次进行隔音改装的必要。对于要求相对苛刻的高档车车主来说，即便要求隔音，原本比较安静的车内要想更加安静也非常困难，并且花费也会很高，因此隔音加装主要还是定位于中低端车型，以改善车内环境为最终目的。

3. 汽车隔音的操作步骤

做隔音算是一个工程浩大的施工作业，并不只是把隔音棉贴进车内就能完事的，还需掌握诸多细节。下面以本田雅阁 7 代为例，大致讲解一下汽车隔音加装的操作步骤。

1）底盘隔音。做汽车底盘隔音，主要是针对轮胎与地面摩擦产生的路噪声，汽车底盘隔音做得好，能最大限度地降低轮胎与地面摩擦产生的路噪声，从而降低路噪声。

做底盘隔音的前提是需要先把地毯和座椅全部拆出来，然后再用吸尘器把车内的灰尘吸干净。当然，为求施工环境良好，最好再用抹布把车内全部擦一遍。

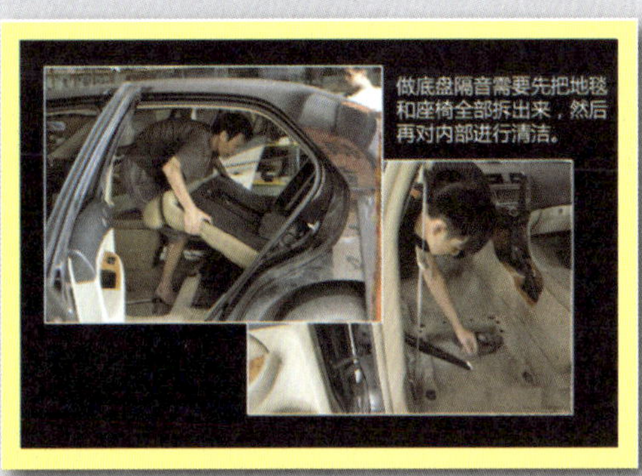

待做好清洁工作后，第二步则需要按比例裁剪好隔音减振胶，按照条形贴法把减振胶贴在底盘上。铺好减振胶贴后，需要用滚轮压紧减振胶，然后把减振胶和底盘的钣金融合在一起，并在上面铺一层隔音棉。

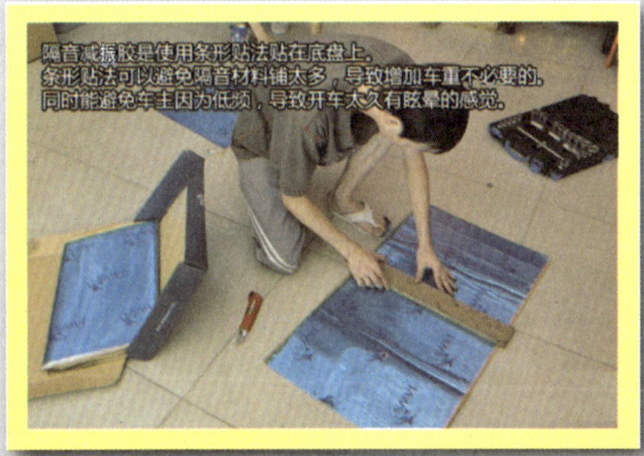

2）行李箱隔音。行李箱隔音主要是为了降低车内噪声，因为原车行李箱只有止振垫，而没有隔音垫。但是，要是做隔音的话建议还是将4门、底盘、行李箱、车顶及U型槽一起做，这样才能有效果。如果只单独做行李箱的话，效果肯定不明显。

做行李箱隔音和底盘隔音的步骤差不多，第一步首先都是“拆”。先把行李箱和行李箱盖的衬板卸下来。有趣的是，当我们拆下行李箱和行李箱盖的衬板后，居然发现底盘放备胎的位置已经生锈了。

拆完之后的步骤仍然是需要做清洁，然后再开始剪裁减振胶。不过要注意的是，行李箱位置会突现较大的螺钉孔，我们需要把这个位置留出来。

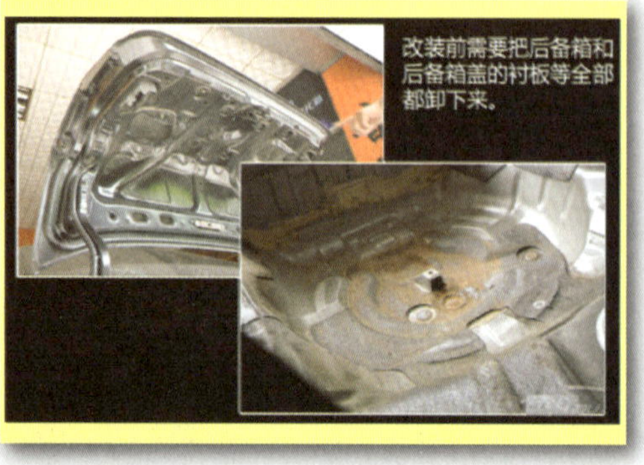

铺好减振胶之后，再铺上隔音棉即可。其实，雅阁原车的行李箱位置是有隔音棉的，虽然其材质和新换的隔音棉没法比，但相比一些车型来说算是不错的了，因为有些车型的行李箱只有钣金和装饰衬板，根本就没有隔音棉。

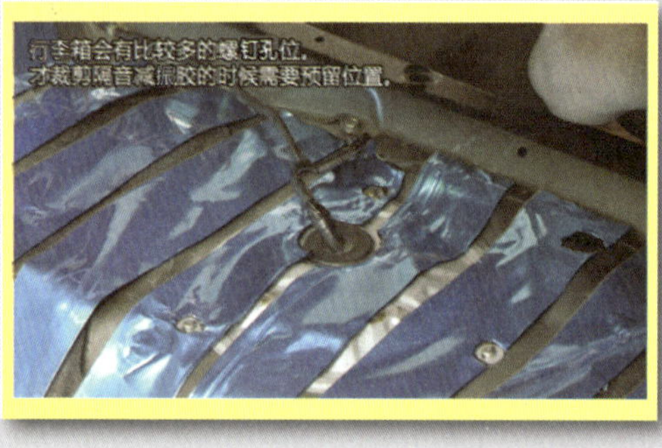

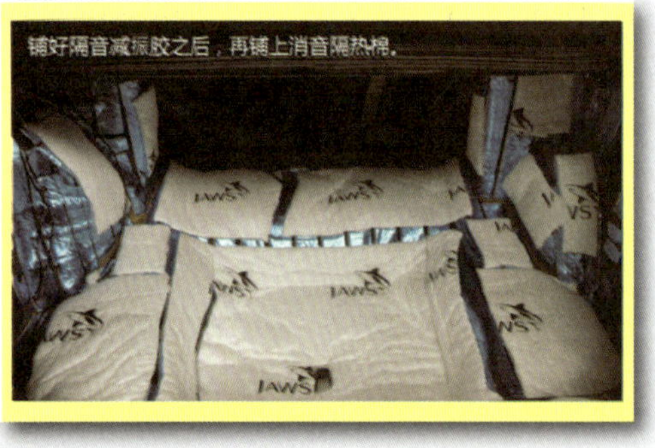

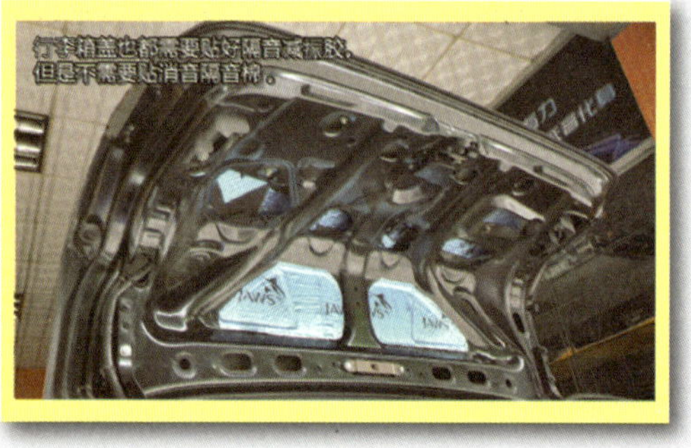

3）顶棚隔音。因为顶棚和底盘一样拥有最大的钣金面，产生的共振也比较多，所以做顶棚隔音还是很有必要的。在夏天时，顶棚隔音还有着明显的隔热效果，在冬天会起到保温效果，而且还能减小下雨时“嘀嗒嘀嗒”的雨声。

做了底盘隔音、行李箱隔音后，再加上一个顶棚隔音才能更体现出效果。当然，在步骤上其实和前两者一样，都是先拆后装。

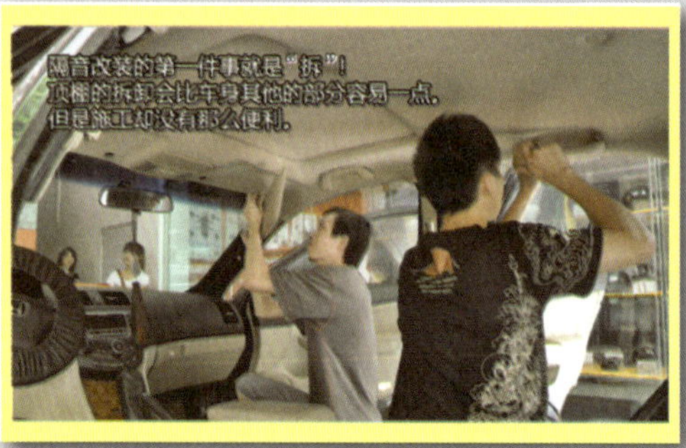

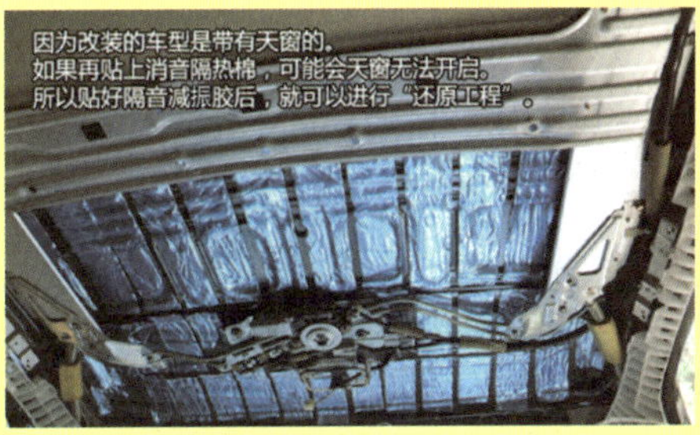

4）车门隔音。按照先外后内的顺序拆除内饰件，露出工作表面。将拆下的螺钉及卡扣放入专用的封口胶袋中并标明拆卸位置，放在指定地点。在拆卸时一定要注意拆卸技巧，不要因用蛮力或用力过猛而损坏面板和漆层。拆卸所有卡扣时，要使用专用的起扣工具。

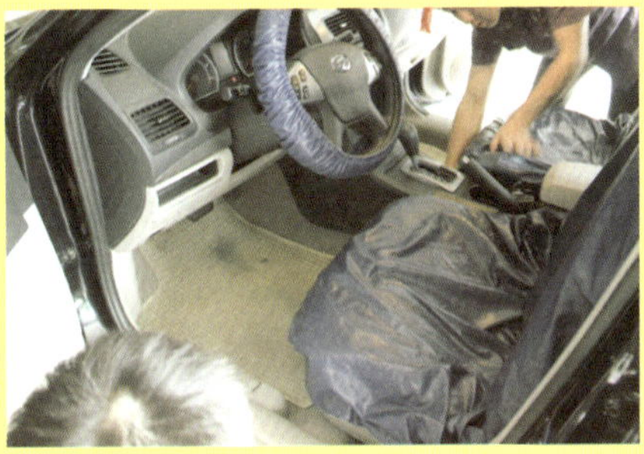
施工前要套好保护套，以免施工时碰、刮、擦伤车辆

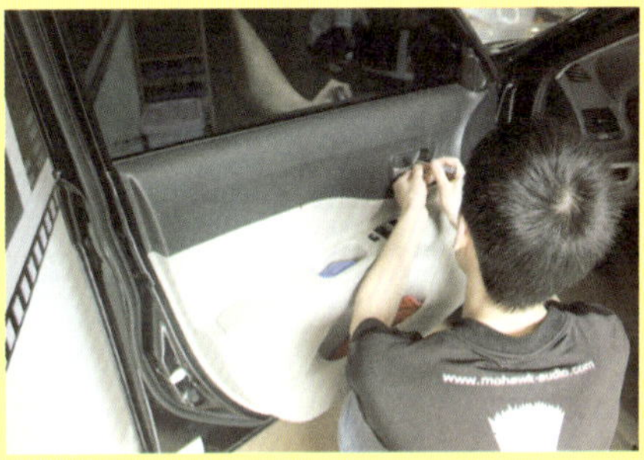
开始拆门板和发动机盖

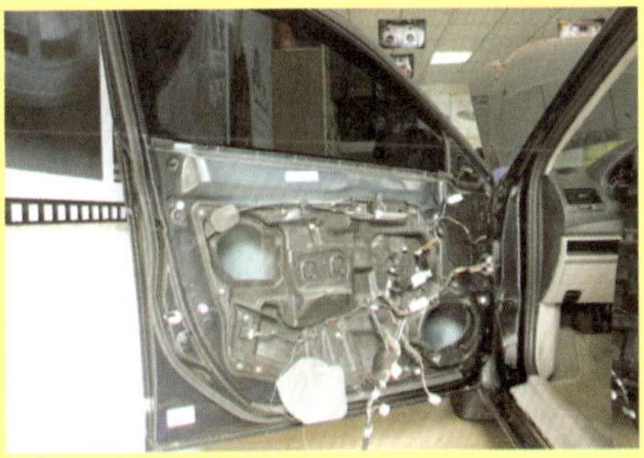
左前门拆开后的模样

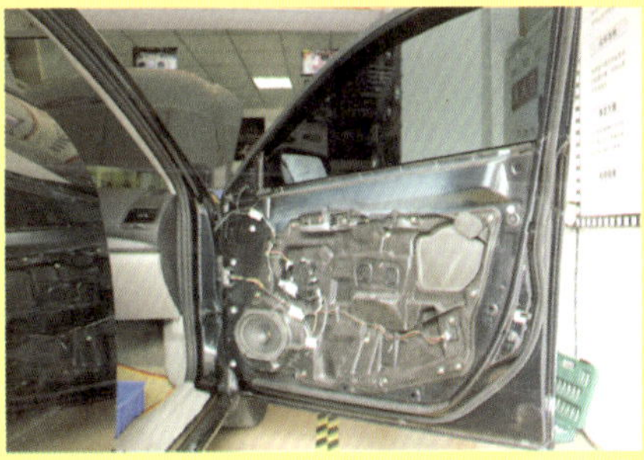
右前门拆开后的模样

先将隔音材料在工作面上压成模，再到工作台上使用剪刀或裁纸刀将其分割成所需的大小和形状，必要时可先用纸剪成模型后再下料。下料时，应尽可能地避免拼接过多和重复下料。

撕去隔音材料背面的保护牛皮纸，将其粘贴到工作表面上。工作表面较大时，应一边揭开保护牛皮纸，一边往工作表面上粘贴，再使用专用滚筒将其压实。有气泡时可用裁纸刀将其挑开，把空气压出，让隔音材料紧紧地贴在工作表面上。**在工作表面上使用剪刀或裁纸刀切割时一定要注意避免割断线路和划伤工作表面**。小料和边角料都要贴在内侧强度差的部位，以便进一步提高隔音降噪的效果。

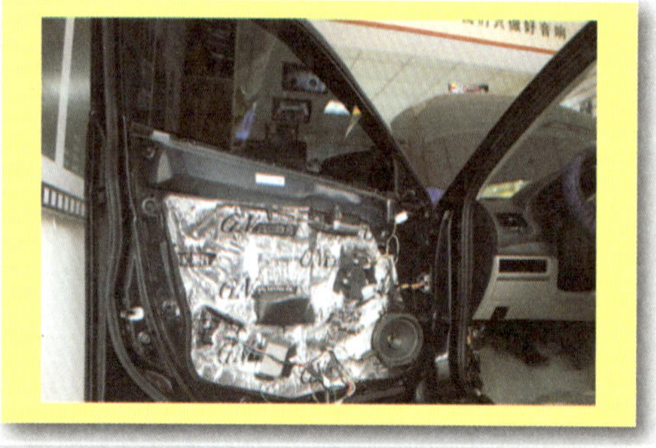

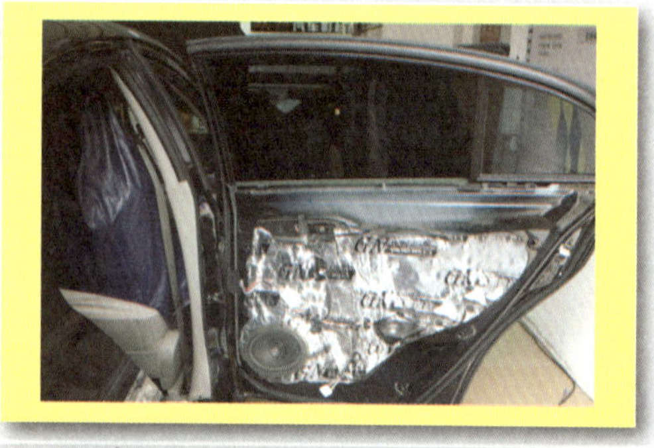

施工完成后将门板装回。在安装过程中所有部件一定要按原样装回；所有螺钉及卡扣都要拧紧和扣紧，避免产生二次噪声。

通过以上改装，关门声会明显变得沉闷，车辆过坎、沟及颠簸路面时，行李箱的声音会变得扎实。以60～80km/h的速度行驶时，路噪会变得更轻渺、更顺滑，外界环境传入车内的噪声也会明显减少；音响效果改善明显，低音效果更加饱满，声音的层次感增强，高、中、低频非常鲜明，音质有明显提高。

六 隔音的误区

隔音不是一项简单的工程，有人认为用单一的棉将车包一层就可以了。但这种想法存在一定的误区，发动机和底盘排气管这些部位的噪声是由于振动而产生的低频，加上钢板所产生的振动，可以说仅包一层棉对这种噪声是不能起到良好的隔音效果的，在这些地方就应同时使用减振垫和隔音垫治理，才会有令人满意的效果。

七 汽车隔音改装的注意事项

（1）在拆卸时**一定要注意拆卸技巧，不可用蛮力而损坏板面和漆层，**拆卸所有卡扣时都要使用专用的起扣工具。

（2）处理附着物时**一定要注意用力强度和方向，**防止划伤油漆和划破面板。在使用清洁剂后，一定要及时盖上盖子，避免清洁剂挥发或撞翻瓶子。

（3）下料时，应尽量避免拼接过多和重复下料。

（4）切不可覆盖底盘的线路和空调孔。

（5）地板的安装步骤要在做完顶棚后完成，避免弄脏或损坏座椅和地毯。

（6）在对有安全气囊的车进行作业时，一定要拔出钥匙、轻拆轻装，防止因气囊爆破而受伤。

（7）因仪表属精密仪器，拆后较难复原，所以仪表板尽量不要拆。

入门关键：

发动机是将某一种形式的能量转换为机械能的机器。其功用是将液体或气体的化学能通过燃烧后转化为热能，再把热能通过膨胀转化为机械能并对外输出动力。汽车的动力来自发动机。

汽车发动机均由机体、曲柄连杆机构、配气机构、燃油供给系统、润滑系统、冷却系统及点火系统构成。发动机的机体组件主要有机体、气缸盖、气缸盖罩、气缸衬垫和油底壳等。发动机的工作特性决定了维修重点在活塞、曲轴和连杆结构等高速运动的部件上。这些部件价值高、工作环境恶劣。因此，一定要给予加倍的呵护。

第九章

要有颗强劲的心脏——汽车发动机的护理

第一节 燃油供给系统的免拆清洗护理

汽车发动机燃油系统经过了长时间的使用，其油箱、油管、喷油嘴等处易积累一些胶质和沉积物，积炭很容易在火花塞、喷油嘴、燃烧室等处生成。这些现象对燃油的供给会产生一定的影响，也会影响混合气的正常燃烧，从而导致发动机出现一些状况，比如怠速不稳、加速不良，甚至出现爆燃等。因此，一定要给发动机燃油系统“洗洗澡”。

一 燃油供给系统免拆清洗护理所用清洗产品的作用与使用方法

1. 燃油供给系统免拆清洗护理所用清洗产品的作用

1）能有效溶解附着在零件表面上由汽油离析出来的胶质或已形成的漆油膜，自动清除、溶解系统中的胶质、积炭、冷凝水分、酸性物质，并有效抑制这些有害物质的再生。

2）清除附着在喷油器中的积炭、黏性胶质，保持最佳的喷雾质量，最大限度地提高燃油的经济性，发挥发动机的有效功率，减少有害气体的排放。

3）将燃油室的积炭软化、剥落并形成粉状物随废气排出，保持燃烧室清洁，防止爆振、早燃等现象的发生。

4）能自动清理润滑喷油器、计量阀、滤清器、燃油泵、进气门、燃油管等部件，使这些部件处于清洁、良好的工作状态。

5）能中和酸性物质，吸收分解燃油中的冷凝水分，防止结冰，改善冷起动性能。

6）不伤害各传感器、催化转换器，对金属及橡胶制品无任何腐蚀作用。

2. 使用方法

1）采用燃油供给系统免拆清洗机清洗。燃油供给系统免拆清洗机能够清除燃油系统中各部位的积炭。美容店普遍采用这种清洗方法。

发动机进气门积炭

其清洗原理是：清洗时将燃油系统清洁剂按一定的比例与燃油混合，制成同时具有燃烧和清洗作用的特种燃料，然后切断原车的供油管路，改用上述特种燃料向发动机供油；起动发动机，并怠速运转，清洁剂随着燃油流动、燃烧；当特种燃料通过喷油器时，便同时完成了对喷油器针阀的清洗，同时还将燃油泵、油管、火花塞、燃烧室、活塞和进排气门等处的积炭、胶质和积垢软化、剥落、溶解并使其随废气排出缸外，从而达到清洁的目的。其特点是清除速度快。

2）采用燃油喷射系统清洁剂清除。如果动手清除，可以采用燃油喷射系统清洁剂清除。方法是将燃油喷射系统清洁剂按使用说明书的要求和比例直接加入汽油箱内。但它不像燃油系统积炭清洗机那样见效快，建议电喷系统发动机每隔 2000km 使用一次。

二 清洗方法

1. 手动清洗

下面以富康 1.4L 排气量的发动机为例，给大家展示一下清理积炭的全过程。

图中是发动机的缸盖部分。拆下后会发现发动机的缸盖非常脏，气门也磨损严重，导致发动机功率下降，怠速不稳，爆燃，而且直接影响到了发动机的使用寿命。

1. 4L富康发动机：TU3JP 马力65匹

缸盖积炭过于严重，凸轮轴表面已经出现烧蚀

1）进气道积炭。由于整台发动机各个活塞的工作并不是同步的，当熄灭发动机时，有些气缸的进气门不能完全关闭，一些未燃烧的燃油不断蒸发氧化，会在进气管中，尤其是在节气门后方产生一些较软的黑色积炭。这些积炭会使进气管的管壁变粗糙，进气会在这些粗糙的地方产生旋涡，进而影响进气效果及混合气的质量。

2）进气管积炭。这些积炭还会阻塞怠速通道，使怠速控制装置停滞或超出其调节范围，这样一来会造成怠速低、怠速发抖、各种附属装置的提速均失灵、收油灭车、尾气超标、费油等现象。

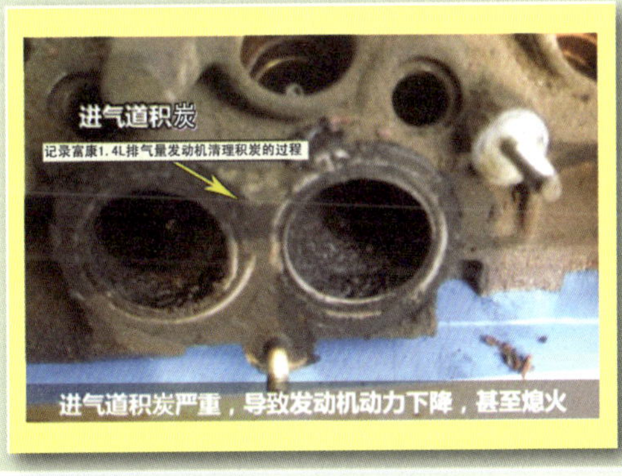

进气道积炭严重，导致发动机动力下降，甚至熄火

进气道积炭明显，导致怠速不稳或抖动

3）气门积炭。受电喷发动机控制的特点决定，气缸每次工作的时候都是先喷油再点火，当我们熄灭发动机的一瞬间点火会被马上切断，但是这次工作循环所喷出的汽油却无法被回收，只能贴附在进气门和燃烧室壁上。汽油很容易挥发，但汽油中的蜡和胶质物却留了下来，长此以往，这些蜡和胶质物越积越厚，反复受热后变硬就形成了积炭。如果发动机烧机油，或是加注的汽油质量低劣、杂质较多，那么气门积炭就会更严重且形成的速度也更快。由于积炭的结构类似海绵，当气门形成积炭以后，每次喷入气缸的燃油就会有一部分被吸附，使得真正进入气缸的混合气浓度变稀，导致发动机工作不良，出现起动困难、怠速不稳、加速不良、急加油回火、尾气超标、油耗增多等异常现象。如果再严重，就会造成气门封闭不严，使某缸因没有缸压而彻底不工作，甚至粘连气门使之不回位。此时，气门与活塞间就会产生运动干涉，最终损坏发动机。

怠速时间长，发动机达到正常温度的时间也就会变长，汽油被喷到气门背面后蒸发的速度就变慢，积炭也由此而产生。同时如果经常怠速行驶，进入发动机的空气流量也就会变小，这样对积炭的冲刷作用就变得很弱了，会导致积炭的沉积。

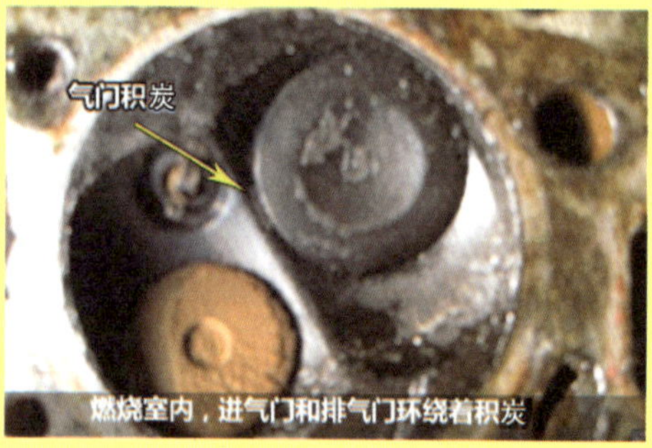

燃烧室内，进气门和排气门环绕着积炭

燃烧室积炭明显，最右侧燃烧室最为严重

可多跑高速，其目的就是要利用气流对进气道的冲刷作用来预防产生积炭。另外，提高换挡的转速也与多跑高速有着异曲同工之妙，如把原来在转速 2000r/min 时换挡变成转速 2500r/min 时换挡，不但可以有效预防积炭的生成，还可以提高汽车的动力性，也避免了因换挡转速过低而带来的爆燃，保护了发动机。

拆卸、检查部分告一段落，专业技师分析主要是车主经常低速行驶和不经常保养清洗导致的积炭过多。积炭一多，发动机就怠速不稳、动力不足，损害了发动机的部件，影响了发动机的使用寿命。

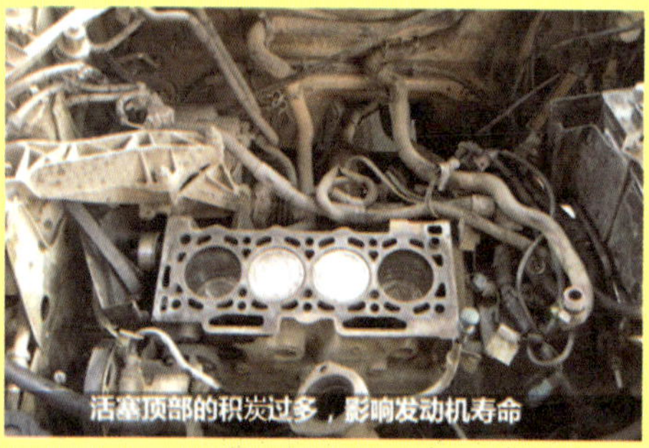
活塞顶部的积炭过多，影响发动机寿命

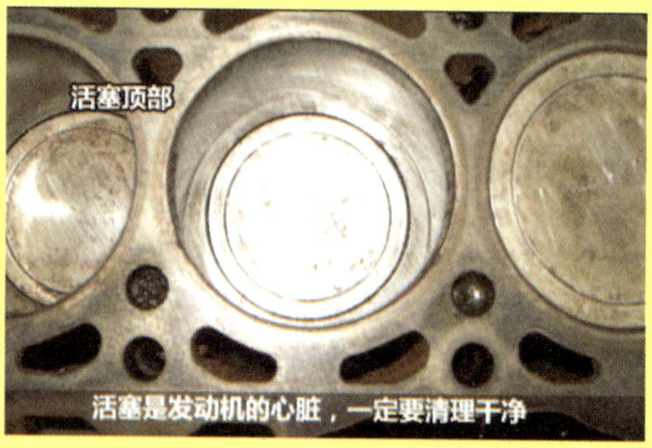

活塞是发动机的心脏，一定要清理干净

如果说车的心脏是发动机的话，那么活塞便是汽车发动机的“心脏”，它是承受交变的机械负荷和热负荷，是发动机中工作条件最恶劣的关键零部件之一。活塞的功用是承受气体压力，并通过活塞销传给连杆，驱使曲轴旋转，活塞顶部还是燃烧室的组成部分。

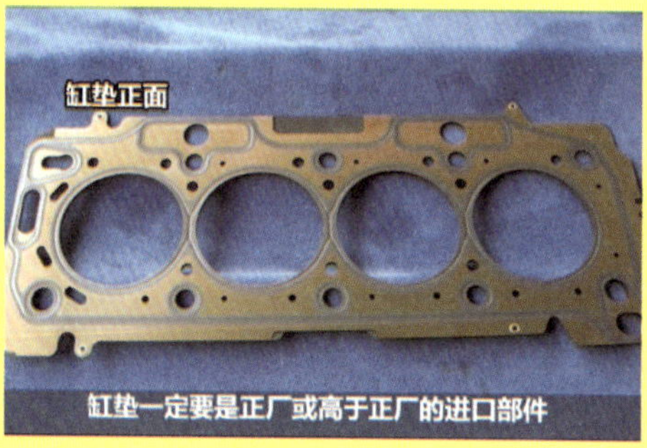

缸垫一定要是正厂或高于正厂的进口部件

气缸垫的作用，气缸垫是用来密封水套和缸套的。安装缸垫最容易发生的就把缸垫装反，一旦装反，就会造成水套和缸套不密封，水套里的水就会进入缸套，缸套里面的气体也会进入水套中。一方面水会减少，另一方面缸套里面的气体温度是很高的，当气体进入到水套中，会使冷却液温度升高。也正因为如此，如果气缸垫装反了，那么打开水箱盖，就会有大量的气泡冒出。

由于受城市的路况、人们的生活节奏以及我国燃油市场条件等因素的影响，以上避免积炭产生的方法有可能不太容易实现。那么建议“有车族”在常规保养都满足的条件下，每2万至4万km时做一下进气系统的免拆清洗，也就是在发动机不解体的前提下，用专用设备、专用方法对车辆的进气道、气门、油路等容易形成积炭的部位进行清积炭的操作。这样能有效减少积炭对发动机性能的影响，使汽车的“心脏”保持在最佳的状态。

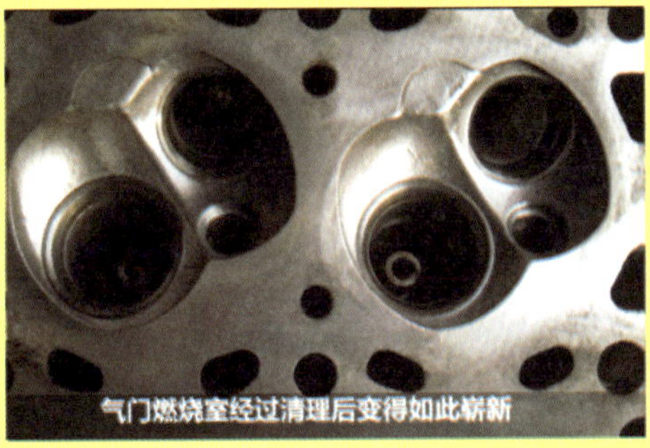

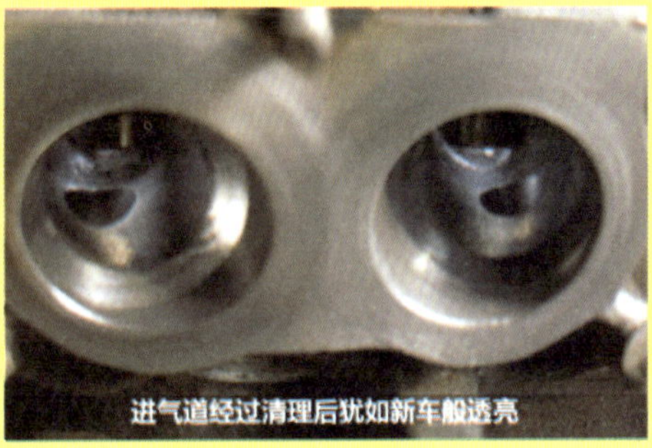

汽车发动机依靠空气燃油混合气经过进气道进入燃烧室，燃烧后获取能量。在此过程中，极少量的汽油会附着于节气门、进气道、气门和燃烧室上，久而久之就会形成胶状物，即我们常说的“积炭”。轻微的积炭会引起发动机的怠速不稳、抖动、起动困难等故障，严重的积炭还会导致发动机爆燃、熄火、无法起动等故障。广大车主在遇到怠速不稳、加速踏板发黏等现象时，应当及时到维修站进行检查和清洗。

2. 燃油供给系统免拆清洗机清洗

燃油供给系统免拆清洗机能够把燃油系统各部位的积炭清除掉。清洗剂利用发动机本身的系统压力及循环网络，来代替油料燃烧清洗缸内的积炭，随后借排放系统排出，这就是燃油供给系统免拆清洗机的清洗原理。

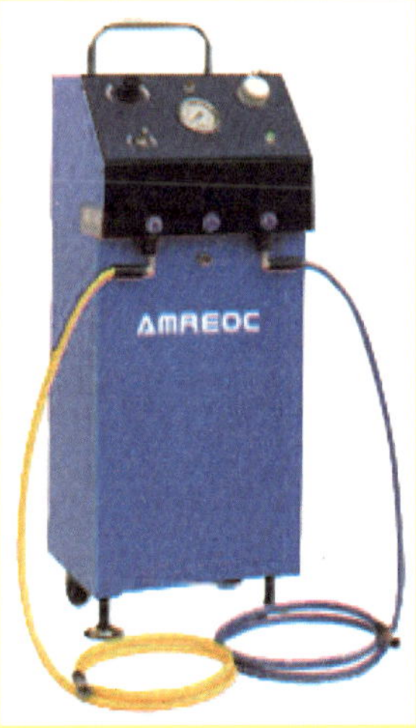

燃油供给系统免拆清洗机

发动机燃油供给系统免拆清洗机清洗柴油机时要更换滤芯。该机所配的清洗剂是汽油机专用，切忌往车辆油箱内倒，避免严重损坏车辆。

不同发动机的燃油系统的布置形式和燃油管的安装位置不一样，为使其顺利连接，很多发动机燃油系统免拆清洗机都配有各种接头，以连接不同类型的发动机。

当喷油器清洗的时间间隔很长时，形成的积炭会极其坚硬顽固。在短时间内，免拆清洗法难以将其彻底去除，这时就需要拆卸清洗。

第二节　冷却系统的免拆清洗护理

一　冷却系统护理用品的种类

冷却系统的主要用途是把受热零件吸收的部分热量及时散发出去，保证发动机在最适宜的温度下工作。冷却系统按照冷却介质的不同可以分为风冷和水冷。通过把发动机中高温零件的热量直接散入大气而进行冷却的装置称为风冷系统；而把这些热量先传给冷却水，然后再散入大气而进行冷却的装置称为水冷系统。由于水冷系统冷却均匀、效果好，而且发动机运转的噪声小，所以目前在汽车发动机上广泛采用的是水冷系统。

类别	简介
清洗剂	散热器（又称水箱）清洗剂对能有效地清除冷却系统中的油脂、胶质层以及散热器、缸套和管道中的水垢和锈蚀，从而恢复系统的冷却能力，因水垢过多引起的发动机过热和散热器开锅等故障也能得以解决。 散热器清洗剂分为两种，分别是酸性散热器清洗剂和碱性散热器清洗剂。这两种清洗剂不会腐蚀散热器、软管、密封垫和铝制缸体，清洗后的系统无需中和，在所有的水冷却系统中都能适用，并且能兼容所有种类的防冻液  散热器清洗剂
保护剂	散热器保护剂对防冻液的防锈、防腐蚀功能有强化作用，能有效避免冷却系统金属部件的生锈和腐蚀；能中和酸性物质，避免系统部件被酸腐蚀，可以润滑水泵水封，使冷却系统的寿命延长；可以防止散热器、暖风散热器、缸体、水泵等部件的穴蚀和气蚀；并且能兼容所有种类的防冻冷却液  散热器保护剂
止漏剂	按照组成和物理形态的不同，可将散热器止漏剂分为三种类型：**第一类是纯化学成分的液态止漏剂；第二类是纯化学成分的固态止漏剂；第三类是由特种植物纤维、高效固化剂、防蚀剂和防泡沫成分组成的液态止漏剂** 质量好的止漏剂能够快速在渗透部位聚集、固化，止住渗漏；对水垢的生成有抑制作用；对有害电离反应的产生有预防作用；能避免发动机过热和散热器开锅等故障的出现；能迅速制止冷却系统各部位的渗漏；对因气缸垫破损引起的防冻液渗漏有制止和预防的作用；并且能兼容所有种类的防冻液  散热器止漏剂

二 冷却系统免拆清洗机

冷却系统的水垢和杂质能被发动机冷却系统免拆清洗机清洗干净。

1. 发动机冷却系统免拆清洗机的工作参数

电压：220V；频率：60Hz；容量：5L；质量：16kg；冲洗方式：气压冲洗；加水方式：电动加水。

发动机冷却系统免拆清洗机

2. 操作步骤

1）把适用的三通接头在汽车冷却回路的水管上固定好。

2）把清洗机清洗液桶打开，添加清洗液。

3）把自来水管与清洗机入口相接。

4）出水管与车上三通接头相接。

5）把气压快速接头接上。

6）接通电源。

7）把三通电源转至冲水位置，然后将汽车散热器盖或储液罐打开。

8）打开自来水进水，水从散热器盖冒出即旋开调压器，此时，脉冲开始产生，30～60s后，把气源关掉，待到自来水补满后再开，到完全冲洗干净为止，水压为49～98Pa即可。

9）冲洗干净后，把自来水关掉，打开气源，冲出残留在管内的水，直到管内无水垢为止，然后把气源关掉。

10）把三通开关转至添加位置，将电源打开即开始加防冻液，防冻液从三通接头进入，等到防冻液从散热器冒出时，即可把电源关掉。

11）在完成工作后，要完全锁紧三通接头的固定盖，起动发动机检查散热水位。

三 散热器“开锅”的预防和紧急处理

类别	处理方法
散热器“开锅”的预防	1）对防冻液要进行定期的检查，发现液位降低后应及时予以补充，切勿用自来水代替防冻液，因为防冻液的沸点通常都在 130℃以上，而水的沸点是 100℃ 2）检查节温器的工作状态是否良好，如果不能按设计要求将节温器及时打开，一定要立刻更换新配件。若来不及更换新配件，可临时将节温器拆除，安装在车辆上使用的节温器决不能出现故障 3）行车过程中应密切关注冷却液温度表的情况，正常水温通常在 90℃左右，如果冷却液温度达到仪表红线位置时电子扇没有按时起动，此时一定要马上停车降温并对电子扇进行检查，查看是否卡滞或烧毁，将故障排除后再上路行驶，防止水管或水箱出现胀裂
散热器“开锅”后的紧急处理	车辆在行驶过程中“开锅”之后，应先将车辆移动到安全的地方。由于“开锅”，散热器内的液体会出现沸腾，其内部会有相当高的压力，如果此刻将补水壶打开，就会向外喷出冷却液，极易使人员出现危险，造成烫伤的后果。遇到这种情况时，车主要沉着应对，可先打开车辆发动机盖，等发动机冷却 0.5h 以后，再用湿毛巾将补水壶（水箱盖位置）罩住。先将补水壶加水盖拧开很小的角度，把水蒸气放出来，过一会儿后再全部打开，以避免冷却液喷出烫伤自己。对液面高度进行观察，如果车内没有多余的防冻液时可以应急地加一些水。开到维修地点后必须要立即更换防冻液

四 冷却系统的止漏

通常在冷却系统发生渗漏时进行冷却系统的止漏，也可六个月进行一次

（1）起动发动机并预热至正常的工作温度，打开暖风装置

（2）关闭发动机，打开散热器盖，将堵漏剂摇匀，并依照说明书要求的比例倒入散热器中，拧好散热器盖

（3）起动发动机 3 ～ 5min 后即可见效

五 冷却系统的保护

如果汽车发动机冷却系统的维修率特别频繁，通常会损坏发动机的其他构件，特别是冷却系统的工作效率会随着车辆行驶路程的增加而逐渐下降，这会在很大程度上影响发动机的整体工作能力。那么，如何对冷却系统进行保养呢？冷却系统的冷却液就是水，不过不是什么水都可以随便加进去，档次越高的车对水质的要求也会越高。有位车主见野外泉水很干净清澈，就加满了水。其后果可想而知，发动机被烧坏了。车主需要了解，泉水中含有大量矿物质，由此会有大量的水垢产生。所以，水质好坏显得至关重要。气缸水道与发动机燃烧室周围的水道相当，当发动机散发大量热量时，充满水的管道能起到降温的作用。发动机中的水和油有泾渭分明的管道。

第三节 润滑系统的免拆清洗护理

一 机油的检查

汽车现在已经被普遍使用，为我们的日常出行提供了极大的方便，但它每天都要面对各种各样路面的考验，因此要从日常做起对汽车进行护理保养。而车主对于汽车的护理不仅可使车辆的使用寿命得以延长，更会体现其热爱汽车的生活态度。对汽车进行日常检查的重要的工作之一就是对发动机机油的检查，其实就检查这些机油来说，您完全能够自己来完成任务。以下便是关于机油的一些护理知识。

机油关系到发动机的保养和使用寿命，所以作用十分重要。它能使发动机的温度降低、保持发动机的干净卫生、扩散污染物、确保发动机正常运行、润滑发动机、使磨损降低。如今很多车主都已意识到，机油是如此重要，但对选择机油的知识却了解得很少。

1. 怎样选用机油

首先，在选择与之相对应的机油产品时，要依照汽车制造商推荐使用的机油的等级；其次，新车和大修之后的发动机应使用的机油其黏度应较低，特别是对于刚大修完的车辆，在磨合期内，使用的机油千万不能黏度过高。如果车辆因行驶里程过多或年头过长，而出现发动机润滑不良时，应加入黏度较高的机油。

2. 如何检查机油

必须将汽车停放在平坦的路面上来检查机油的容量，应将发动机停止运转至少 10min 以上才能检查。拔出机油标尺，为了确保准确的测量，标尺上的机油应先用棉布擦拭干净，然后再在油底壳内插上机油标尺，此时再次缓慢地拔出标尺，对机油标尺上黏附的油迹进行检查。机油液位若在正常范围之内，油迹应位于 FULL（最高）和 LOW（最低）的标记之间。

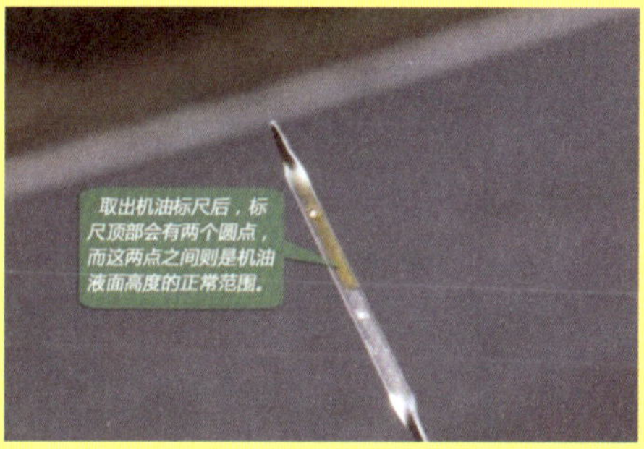

检查机油

二 机油的定期更换

机油储存在油池内，当发动机运转时，带动机油泵，将机油从油池中抽出；经过机油滤清器，再经机油管道送到各需要润滑的机件处，如曲轴、凸轮轴、摇臂等，最后机油流回油池，如此往复流动、不断工作。就发动机而言，机油起着润滑、清洁、降温、密封等功能。所以说，不管什么车型的车主，都必须要按照说明书规定的里程更换机油。

1）提前准备。汽车驶入操作间后，发动机应在运转后停机几分钟，为的是使油道中的机油回流至油底壳，回流的同时，机油中的金属碎屑也会沉淀到油底壳底部，最底端的放油螺栓是带有磁性的，能够把沉淀下来的金属碎屑吸附在上面。然后把机油标尺拔出，为的是使润滑系统不再保持压力，放油才能放得出来，接着就是把车升起来，拧开放油螺栓放油，必须等到机油不再滴了，才能把放油螺栓拧回去，而且拧之前必须把油污擦拭干净。

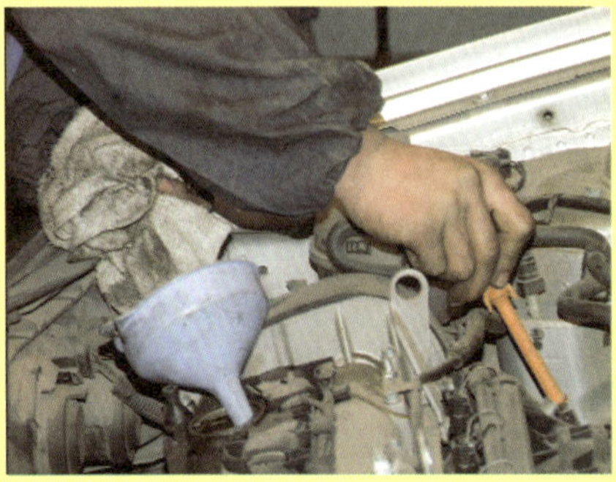

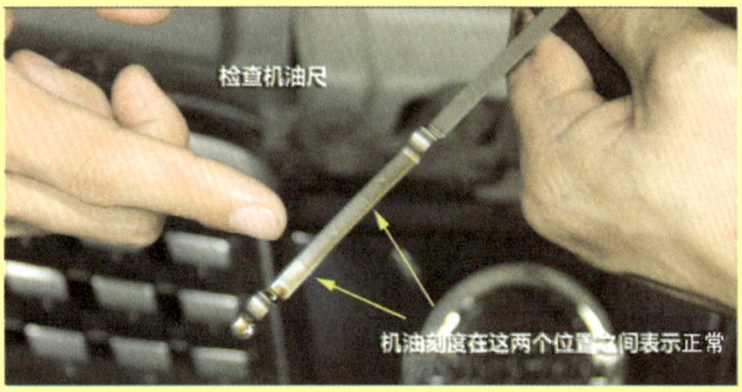

2）选择油品。车辆用户手册会建议在正常行驶条件下应使用的油品级别以及更换一次油品可以行驶的公里数（最大消耗间隔）。但如果你在严苛的状况下行驶，诸如极端温度、经常短途行驶，停停开开或牵引、拖拉，这些情况会给发动机带来额外压力，需要更频繁地换油。一般的驾驶人对这种情况没有意识，但他们行驶中大多数都是这种情况，这就是大多数机修师都会根据制造商建议的“严苛”驾驶条件下的较短换油时间来换油的原因。单凭经验而论，每 3000km 或每三个月（按较早的）就应更换机油和机油滤芯。这样做可以更好地保护发动机，延长发动机的寿命。

3）排出废油。找到位于车辆底部的排油塞（在发动机油箱或油底壳的后部）。请不要误将传动液的排放塞松开（它通常位于更后面一点儿的地方）。将排放桶放置在排油塞下面，并稍微向后放。使用扳手，沿逆时针方向转动塞子直到其能轻松旋转，然后用手拧开塞子。这时候，你需要小心里面的机油，因为它会快速流下来并有可能很烫。不要把塞子丢在盘子里，但如果这样做了，也不要紧。

取下放油螺塞，排放发动机机油。

取下机油螺栓，准备排放旧机油。

排放完毕后，擦净放油螺塞，再装上放油螺塞，按下述要求拧紧（拧紧力矩：30N·m）。

4）取下机油滤芯。接下来用滤芯扳手逆时针方向旋松机油滤芯，机油滤芯有可能是温的。然后用手把机油滤芯拿下来，**注意不要碰到热的排气集管**。机油滤芯中可能充满了机油，感觉有点重，所以应当小心取下并远离发动机，再把油倒在排放桶里。

用机油滤清器扳手拧松机油滤清器。

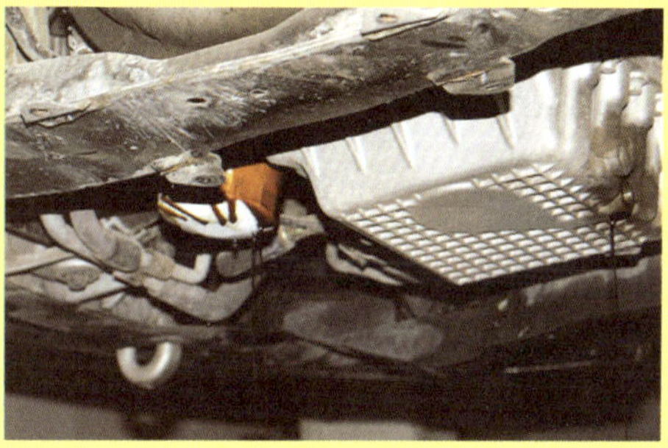

拆卸旧的机油滤清器。清洁与机油滤清器密封圈相接触的滤座密封面——请确保需清理干净。

5）更换机油滤芯。用抹布擦拭发动机上滤芯的底盘。然后拿一个新的机油滤芯，用手在垫圈（滤芯的圆形边缘）上涂抹一层油膜（新油或废油）。这层油膜可作为密封剂。小心地将新的机油滤芯放入，根据螺纹顺时针旋转。如果螺纹对准了，滤芯很容易就能装上去了。用手将滤芯拧紧，**但应注意不要拧得太紧**。清洁油塞和排放装置，然后将油塞装回原处。先用手旋转油塞，再用扳手固定。同前面一样，也不要拧得太紧。

在新的机油滤清器密封圈表面上涂抹一层机油，然后拧紧。

用手把新的机油滤清器拧在机油滤清器支座上，直到滤清器密封圈与安装表面接触，再用机油滤清器扳手将其拧紧。为了恰当地拧紧机油滤清器，**应注意识别滤清器密封圈与安装表面初始接触的精确位置**。

与安装表面接触后，用机油滤清器扳手再把滤清器拧紧 3/4 圈（拧紧力矩：15N·m）。

擦干安装好的机油滤清器，以便稍后测试其是否漏油。

起动发动机，看密封面处是否有漏油现象，如有，请停机后进一步拧紧机油滤清器。然后，重复上一步直至不漏油为止。

6）加入新的机油。在发动机的上方，你会看到有“油”字样的盖子。打开盖子注入一定量的机油，检查量油计确定是否已经装满。然后盖上盖子，擦去溢出的油。发动机发动时油灯应当消失。起动发动机几分钟，然后关闭，再次检查量油计，确定油量是否合适。

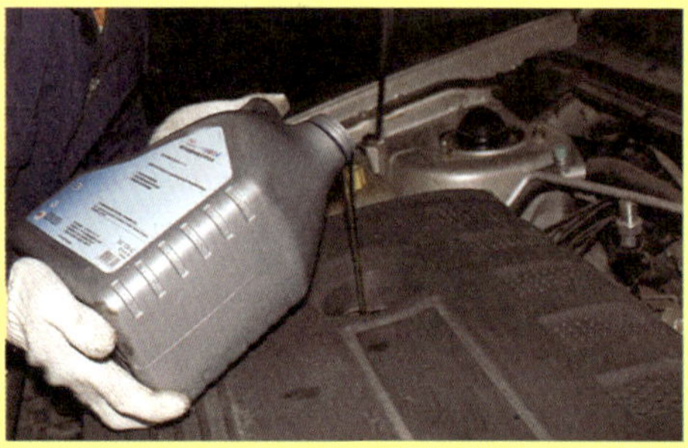

注入新的发动机机油，每注入 2L 后，应用机油尺测量油面高度。

7）检查是否漏油。加入新的机油过后，最为重要的就是检查其是否漏油。这样，整个的换机油工作就大功告成了。最后就是要提醒广大车主，换好油后请务必记录下仪表板上的公里数和每次换油的日期，这样就可以很清楚地知道下次该什么时候换油了。同样，如果你决定以后卖掉爱车，定期更换油品的证明还可以提高其转手价格。

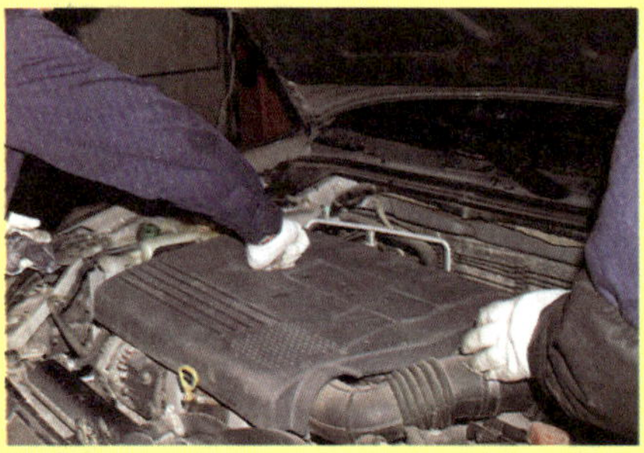

确定注入适量的机油后，将机油盖安装好。让发动机运转 10min 后将其关闭。再次确定是否注入了适量的机油。

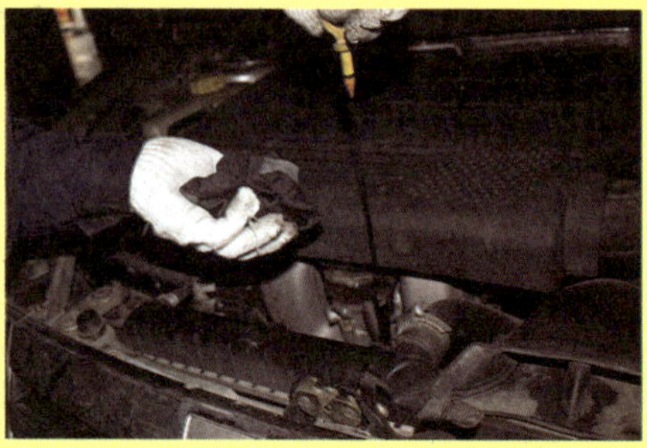

用机油尺检查机油油量，如果油面下降，则需再注入一些机油。应反复测量机油油面，直到达到最大位置，但是千万不要超过最大位置。

将发动机上沾染的所有油渍擦净，并检查是否有机油从排油塞中漏出。

三 发动机润滑系统清洗

类别	操作要求与注意事项
清洗过程	清洁护理发动机时，发动机润滑系统内的油泥、积炭等沉积物能被发动机润滑系统免拆清洗机溶解并清理干净，应防止机油在高温下氧化稠化，使发动机的品质得到改善，并延长发动机的使用寿命，使作业效率提高 发动机润滑系统免拆清洗机的清洗步骤如下：先把机油滤清器拆除，再把油底壳的放油螺塞拧下，把旧油放掉；将清洗机的进油管与机油滤清器的主油道相接，回油管接到放油螺孔中，接入压缩空气，起动发动机润滑系统免拆清洗机，并保持怠速运转；遵循使用说明书的规定调整清洁油液的压力，清洗液会在汽车润滑油道内冲洗循环，使发动机中的油泥、积炭逐渐溶解，循环清洗至油底壳；本系统的回油管将清洗液真空抽出，经由清洗机的极细滤芯过滤，除去油泥、金属屑、微粒等。整个清洗循环过程全部由计算机来控制 结束清洗后，要更换新的机油滤清器，发动机按规定加入新机油后即可投入正常工作
注意事项	有些清洗剂仅有清洗功能而不具有抗磨功能，在发动机润滑系统中使用这类清洗剂清洗的时间较短（通常为 3 ～ 5min） 有些清洗剂同时具有清洗功能和保护功能，通常在发动机润滑系统中使用这类发动机清洗剂清洗的时间较长（20 ～ 30min）；若车辆的污垢较多，可以重复使用发动机清洗剂或适当延长清洗时间 如果很少定期清洗发动机润滑系统，而且还比较脏，清洗掉的脏物就非常容易在机油滤清器内沉积并造成堵塞，因此要经常对机油压力表或机油灯进行观察，若出现机油压力下降或机油灯闪亮的情况，就要马上关闭发动机，对清理机过滤器进行查看后再继续清洗

入门关键：

车内空气净化主要是针对车内的一些残留物、污染物等进行清理或者消除。常用的方法很多，但各种方法又有其各自的弊端或者不足，应该仔细了解、综合考虑，选择多种方法相结合，从真正意义上净化车内空气，享受健康舒适的行车体验。

第十章

环境真的很重要——车内空气的净化

第一节 车内污染的来源与危害

一 车内污染的种类

汽车车内受到污染的原因有很多，包括零部件、装饰材料以及汽车自身污染物排放等原因。其污染物大体上可分为三类：**物理污染、化学污染和生物污染**。

污染的种类	基本内容
物理污染	由于光照、电磁辐射、振动、噪声和温度、湿度等物理因素会使人体出现不适的症状，这些都属于物理污染
化学污染	化学污染也有很多种，其中包括：碳氢化合物、有机卤化物、有机硫化物、羰基化合物、有机酸和有机过氧化物等有机挥发物。其中对人体健康能产生最大危害的是游离甲醛、苯、甲苯、二甲苯、TDI（甲苯二异氰酸酯）、胺、烟气烟碱等，在日常生活中要远离这些物质
生物污染	微生物污染是就是所指的车内生物污染，包括各种致病菌等

二 车内污染物的来源

材料、外界污染物以及自身污染物排放等这三个方面大致为车内污染物的主要来源。

污染源	基本内容
材料	汽车使用的塑料和橡胶部件、织物、油漆涂料、保温材料、黏合剂等材料中含有的有机溶剂、助剂、添加剂等挥发性成分都属于有害物质，均可由汽车零部件和车内装饰材料释放。苯、甲苯、甲醛、碳氢化合物、卤代烃等为主要的污染物。另外，车内产生异味的主要来源也是由车内材料释放的物质造成的
外界污染物	外界环境的污染物进入车内后，也会形成污染。其中碳氢化合物、一氧化碳、二氧化硫、氮氧化物、颗粒物等为主要的污染物

沙尘污染

空气污染

污染源	基本内容
自身污染物排放	车内生物性污染因子有着多种多样的来源，患有呼吸道疾病的病人、动物是其主要来源。需要注意的是，在地毯中孳生的尘螨也属于环境生物污染源。同时，细菌和真菌也容易在车内环境中孳生 通过排气管、曲轴箱、燃油蒸发等途径排放的污染物或长时间使用汽车空调后风道内积存的污物为自身污染物，它通过汽车自身排放进入车内环境。碳氢化合物、一氧化碳、氮氧化物、微生物、苯、烯烃、芳香烃等为主要的自身污染物 车厢内的空气质量下降，由汽车发动机产生的一氧化碳以及汽油的挥发成分都有可能是原因之一；还有，若长期不对车用空调蒸发器进行清洗护理，其内部便会有大量的污垢附着，所产生的胺、烟碱、细菌等有害物质会分布在车内空间的各个角落里，从而难以保证良好的空气质量，严重时还可能会导致缺氧 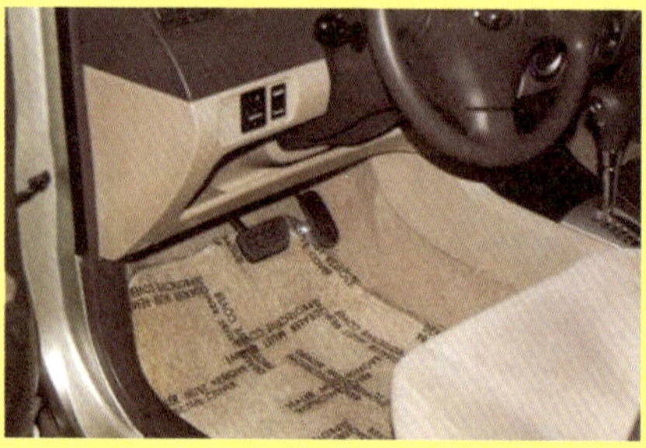 地毯中孳生的尘螨属于环境生物污染源。同时，细菌和真菌还容易在车内环境中孳生。  汽车尾气不仅气味怪异，而且令人头昏、恶心，严重影响人的身体健康。

三 车内主要污染物的危害

在驾车行驶中，驾驶人可能会出现一些不适症状，比如头晕、恶心、困倦、咳喘、打喷嚏等，这有可能是由车内释放的有害物质造成的。而对于一些危险物质，比如甲醛、氨、苯、二甲苯和其他挥发性有机物等，会对人体的健康造成一定的损害，除可引起急性刺激效应外，若长期接触这些高浓度的有害物质，还可破坏人体的免疫功能，使呼吸系统、肝、肾及造血器官受到损伤，更严重的是可能会因此而诱发癌变。

苯、甲苯、二甲苯、甲醛和 TVOC（总挥发性有机物）等是现在评价车内空气质量的主要指标。甲苯易挥发，无色且透明，被人体吸收的主要途径是通过呼吸道，通过皮肤也可吸收少量的甲苯。当这些物质的浓度达到一定程度时就会引起身体的不适，出现眩晕、头晕眼花、难以保持平衡并伴有头痛的症状，严重威胁驾驶人的行车安全。苯和二甲苯可使人产生麻醉的状态，从而损坏造血器官并会扰乱神经系统。人的呼吸系统也会被甲醛所伤。TVOC 为有害物质，主要包括甲醛、苯、甲苯、乙苯等数十种，能对中枢神经系统功能产生一定的影响，从而使人出现一些不适反应，比如头晕、头痛、嗜睡等，甚至会对肝脏和造血系统造成损伤。

第二节 车室臭氧消毒

一 臭氧基本知识

臭氧具有很强的氧化性和杀菌效果，是一种广谱的杀菌剂，可杀灭细菌繁殖体和芽孢、病毒、真菌等，并可破坏肉毒杆菌毒素。臭氧在水中的杀菌率比氯气强 3000 倍。同时，臭氧也有除臭的功能，以臭氧的强氧化性为原理，可氧化空气中的有机物，以达到净化空气的目的。人们在雨后感到空气很清新，主要就是因为空气中含有一定量臭氧的原因。

臭氧是氧的同素异形体，在常温情况下，具有特殊的臭味且呈蓝色。臭氧在距地球表面 20 公里的同温层下部的臭氧层中有广泛的分布。一些对人体有害的短波紫外线能被臭氧吸收，阻挡其到达地球。

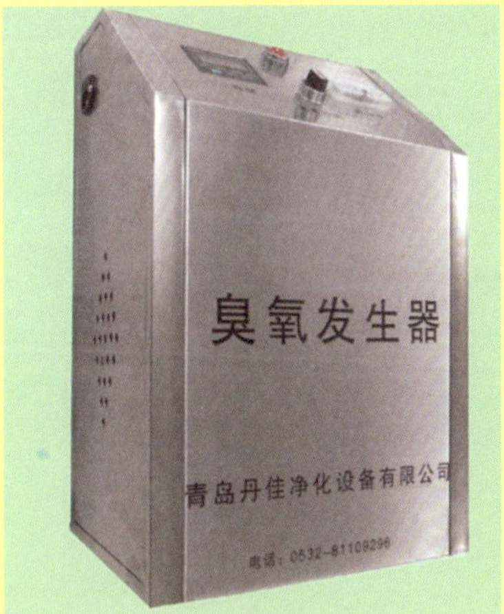

臭氧发生器

臭氧的状态很不稳定，极易出现分解。它在液态氧中不溶解，氧化性非常强，常温情况下能把银氧化成氧化银，把硫化铅氧化成硫酸铅。在冰中，臭氧会显得极其稳定，半衰期为 2000 年。大多数波长短的射线（如紫外线）都能被臭氧层吸收，因此臭氧对人类和其他生物具有保护作用，但氯气和氟化物能破坏臭氧的结构，促使其分解为氧，从而使臭氧保护层被破坏。如今，臭氧层的破坏已成为困扰人类环境的重要问题。制备臭氧时，一般都利用无声放电作用从氧气或空气中进行制备，基于这一原理而出现了臭氧发生器。要想得到浓集的臭氧，可利用臭氧和氧气沸点的差别，由分级液化而得。

臭氧还是强力漂白剂，在漂白面粉和纸浆时有所应用。在对饮用水进行消毒时，也可使用臭氧，消毒过的水中只含氧，无特殊气味。此外，在处理污水时，应用臭氧也会达到治理的目的。

二 臭氧消毒的优点

臭氧灭菌为溶菌级方法，有彻底的杀菌效果，且杀菌范围广、无残留，像细菌繁殖体和芽孢、病毒、真菌等都可被其杀灭，也对肉毒杆菌毒素具有一定的杀伤力。另外，臭氧对真菌的灭菌效果也非常强。臭氧是一种环保的消毒剂，对环境无污染，因为臭氧有较差的稳定性，会快速自行分解为氧气或单个氧原子，此时，单个氧原子会自行结合成氧分子，不会产生任何有毒残留物。

臭氧为气体，能快速渗透到空间中的每一个角落，灭菌时不会有出现死角的顾虑。而且，无论是紫外线还是化学熏蒸法等传统的灭菌消毒方法，都会或多或少地存在一些缺点，比如消毒不彻底、费时费力、有残留污染或有异味等，有些还可能会对人体的健康构成威胁。若消毒时使用紫外线，可能会出现一些死角，使消毒不彻底，且紫外线穿透力弱、难以保证较长的使用寿命。化学熏蒸法也有其自身的缺点，比如无法有效地杀灭抗药性很强的细菌和病毒。相比之下，使用臭氧消毒会更具优势。

三 臭氧的杀菌特点

特点	基本内容
高效性	用臭氧进行消毒时，无需使用任何辅助材料和添加剂。臭氧发生装置在消毒时产生一定量的臭氧，在相对密封的环境下，扩散均匀，包容性、通透性好，避免出现像紫外线杀菌时存在的消毒死角忧虑，使杀菌做到全方位、快捷迅速、高效率。另外，由于它的灭菌范围较广，细菌繁殖体、芽孢、病毒、真菌和原虫孢体等多种微生物不但可以被杀灭，还能对肉毒杆菌和毒素及立克次体等产生破坏作用。另外，其除霉、腥、臭等异味的功能也很强大
高洁性	臭氧在所有的消毒灭菌剂中有一个独特的优点，那就是在环境中可自然分解为氧。利用空气中的氧气可产生臭氧，在消毒氧化过程中，单个氧原子会自行结合成氧分子，过程中不会产生任何有毒残留物，如此一来，消毒剂消毒时的残留物二次污染便可以得到解决，同时也省去了完成消毒后再次清洁的麻烦
方便性	在安装臭氧杀菌设备时，通常将其安装在中央空调系统和空气净化系统中，或者是灭菌设备中（如臭氧消毒灭菌柜、传递窗等）。臭氧灭菌设备的定时控制可视灭菌所需浓度及时间自动设置，操作起来简便快捷，且能每天定时开启使用
经济性	臭氧消毒方法相比其他方法，具有更大的经济效益和社会效益，这是通过臭氧消毒灭菌在诸多制药行业 GMP（药品生产质量管理规范）中的应用以及在医疗卫生单位的使用及运行比较而来的

四 臭氧的灭菌原理

臭氧具有很强的氧化性，灭菌过程属生物化学氧化反应。用臭氧进行灭菌时主要有以下三种方式：

（1）细菌内部葡萄糖所需的酶能被臭氧氧化分解，从而使细菌灭活以致死亡。

（2）与细菌、病毒直接发生作用，进而让它们的细胞器、DNA 和 RNA 受到损害，破坏细菌的新陈代谢，最后导致细菌死亡。

（3）通过细胞膜组织侵入细胞内，在外膜的脂蛋白和内部的脂多糖中产生作用，导致细菌发生通透性畸变而溶解死亡。

五 臭氧消毒的步骤与方法

臭氧灭菌为溶菌级方法，有彻底的杀菌效果，且杀菌范围广、无残留，像细菌繁殖体和芽孢、病毒、真菌等都可被其杀灭，对肉毒杆菌毒素也具有一定的杀伤力。另外，臭氧对真菌的灭菌效果也非常强。臭氧是一种环保的消毒剂，对环境无污染，因为臭氧稳定性较差，可快速自行分解为氧气或单个氧原子，此时，单个氧原子会自行结合成氧分子，因而不会产生任何有毒残留物。

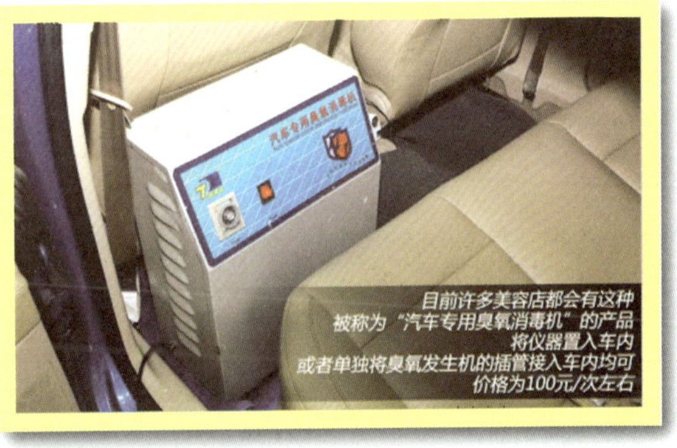

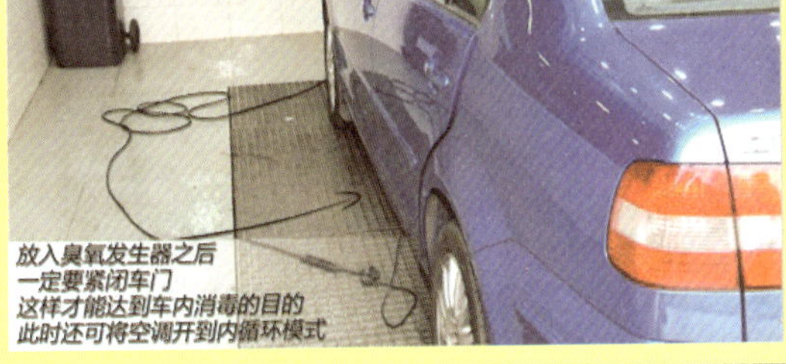

六 臭氧空气消毒注意事项

注意事项	解释
对人体健康的损害	臭氧具有特殊的臭味，可刺激人体的呼吸道黏膜。当开始嗅出臭氧气味时，此时空气中的臭氧浓度可达 1mg/L；若人体出现一些不适症状，比如脉搏加速、疲倦、头痛，那此时的臭氧浓度可达 2.5 ～ 5mg/L，人若停留在此地 1h 以上，可发生肺气肿，以致死亡。所以使用臭氧进行消毒时，必须确定消毒场所内没有人，消毒完成后至少过 30min 才能进入
防止损坏物品	臭氧为强氧化剂，具有很强的氧化性，对很多物品都会造成一定程度的损坏，其浓度越高后果会越严重，若腐蚀了铜片，会使其出现绿色锈斑，也可使织物漂白褪色等

第三节 车室负离子消毒

一 负离子的概念

现在所说的负离子大多是空气负离子，因为空气中的负氧离子是主要的负离子，所以通常是指负氧离子。氧离子获得一个或多个电子，且带负电，就成为了负氧离子。

负氧离子已被大量应用于商业宣传上，因其对人体有着非常全面的疗养保健功能，所以出现了一些负离子健康空调、负离子吹风机、负离子电风扇等。但由于技术原因有限，导致这些产品释放的负氧离子粒径较大且剂量较少，显得有些华而不实。

二 负离子的作用

作用	基本内容
对神经系统的影响	负离子能加强大脑皮层的功能及脑力活动，使人精神饱满，提升工作效率，并且能改善睡眠质量。负离子还可提高脑组织的氧化过程力度，以便脑组织能获得更充分的氧
对心血管系统的影响	经研究发现，负离子很明显的一个作用就是扩张血管，可使动脉血管痉挛的症状消失，从而使血压得以降低。负离子的另一优点是可使心脏功能和心肌营养得到改善，对高血压和心脑血管疾患病人来说，可帮助其早日恢复健康
对血液系统的影响	经过实践证明，负离子可降低血液的流动速度、使凝血时间得以延长，增加血液中的含氧量，对血氧输送、吸收和利用有良好的作用。当负离子进入血液时，还能提高红细胞和血钙的含量，使白细胞、血钾和血糖下降，疲劳肌肉中乳酸的含量也会减少
对呼吸系统的影响最明显	负离子对呼吸系统的影响尤为明显，因为负离子进入人体的途径是通过呼吸道完成的，它可以使人的肺活量得到提高。当负离子进入呼吸道时，能加快上皮纤毛的运动，对呼吸道内的感受器产生刺激从而传导到大脑皮层，然后通过反射作用于人体；当负离子进入血液后，能放出电荷并对血细胞和蛋白质产生作用。根据以往的实践经验，从玻璃面罩中吸入空气负离子 30min，肺部吸收氧气的量能提高 2%，且可增加 14.5% 的二氧化碳排放量，故负离子对改善和增加肺功能有着良好的作用

三 汽车负离子消毒

汽车负离子消毒的作用较广泛，对细菌和病毒的生长都有抑制作用，且能消除空气异味、净化空气，大体上是通过购买车载氧吧释放离子来进行空气净化，这也是经常使用的一种车内清新空气的方法。但严格来讲，它只能是一种空气清新和净化方式，不能算真正意义上的空气杀毒方法，其优点是操作简便，基本无需车主动手；但也有明显的缺点，如空气净化过程缓慢、难以彻底杀灭病毒、对空气中原有污染物质的消除不起作用。

第四节 车室光触媒消毒

一 光触媒基本知识

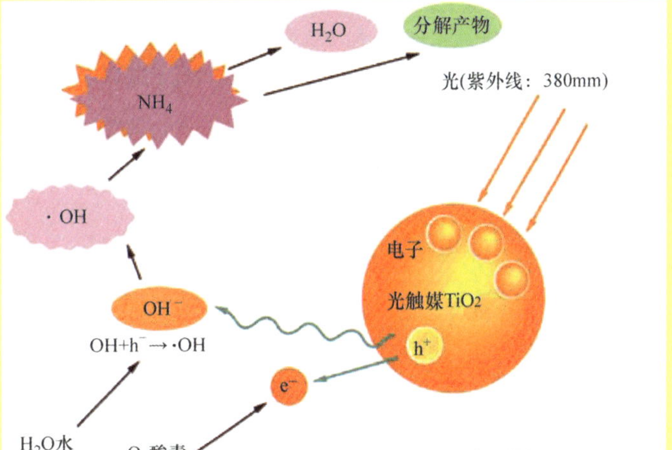

光触媒作用原理图

光触媒，通俗地讲是"光＋触媒（催化剂）"的合成词，是一类具有光催化功能的半导体材料的总称，其中以二氧化钛（TiO_2）为代表。二氧化钛本身无毒无害，是光触媒的主要成分。

换句话说，光触媒即为光催化剂，可降低化学反应所需的能量、加快化学反应的速度，但其自身不会因化学反应而发生改变的物质，这就是催化剂。光触媒利用的催化剂为二氧化钛，化学反应的能量来源为光的能量，可使氧化还原反应的速度加快，从而使吸附在表面的氧气及水分子被激发成活性极强的氢氧自由基及超氧负离子。这些自由基的氧化性极强，几乎可全部降解对人体或环境构成伤害的有机物质及部分无机物质，并能迅速降解其成为稳定且无害的物质（水、二氧化碳），从而实现清新空气和杀菌的目的。

光触媒是一种光催化剂，主要成分是纳米级二氧化钛粒子，它借助光源的照射从而产生氢氧自由基，其拥有极强的氧化能力，在接触四周的有害气体、污染物、细菌后，可发生氧化还原反应，对杀灭细菌具有良好的效果，且能消除各种有害气体，同时能使有害物转化为无污染的水和二氧化碳，从而实现清新空气、美化环境的功效。光触媒加快化学反应的速度，但其自身不会因化学反应而发生改变，所以其拥有可达十年以上的持续使用时间。

据权威机构检测，光触媒可有 99.9% 的杀菌效果，对甲醛、苯、氨、TVOC 等有害气体的消除率可达到 90% 以上，其优异的环保能力及使用的简便性是其他所有传统消毒方法，如臭氧、等离子、活性炭等，都自叹不如的，光触媒空气净化的能力是高纤维活性炭的 150 倍。光触媒具有的防霉、亲水效果也很强大，包装食品借助“光触媒”处理，对抑制霉变有明显的效果，10 天以后仍能呈现出新鲜的状态。另外，“光触媒”因具有超亲水的特性，能保证污垢不易附着，使施工后的外观能维持长久的清洁。经过实践证明，70 棵白桦树的空气净化能力与喷涂 $1000m^2$ 光触媒的效果是一样的。在有光触媒的世界里生活，就如同接触着清新健康的大自然，干净宜人。

1. 光催化反应机理

当担载在某一材料上面的光触媒被一定能级的光（紫外光）照射时，如果其能级比该光触媒的能量参数大，就会激发产生电子飞跃从而形成空穴，其拥有很强的氧化性，又被称之为氢氧自由基，能把空气或水中的有毒有害有机物无选择性地彻底降解为二氧化碳和水，同时杀灭细菌。

2. 光催化的功能

1）将空气或水中的有毒有害有机物无选择性地彻底降解为二氧化碳和水，同时灭活细菌。

2）杀菌的速度快且彻底，同时也能彻底分解对一般消毒剂有抗性的病毒微生物。在此指的彻底杀菌，是由于细菌本身是蛋白质，是可完全氧化成水和二氧化碳的。

3）能氧化消除各种臭味物质，从而迅速去除异味。

4）光触媒涂膜由于含有羟基较多，其具有的亲水性也非常高。因为有机物为污染物的黏结力的来源，所以能牢固地在物体表面上黏附。而光催化可无选择性地使有机物降解，所以能对其黏结力形成有效的破坏。污染物失去黏结力就将无法在物体表面上黏附。

5）吸收紫外线好的光触媒对紫外线的吸收效果会非常明显。

6）防静电功能光触媒属于半导体材料，其具有良好的防静电和抗辐射功能。

二 光触媒除味消毒方法

同样的使用光触媒产品也需要取出车内的食品和饮料

施工过程非常简单
只需将光触媒药剂喷洒在车内容易被阳光照射到的角落即可

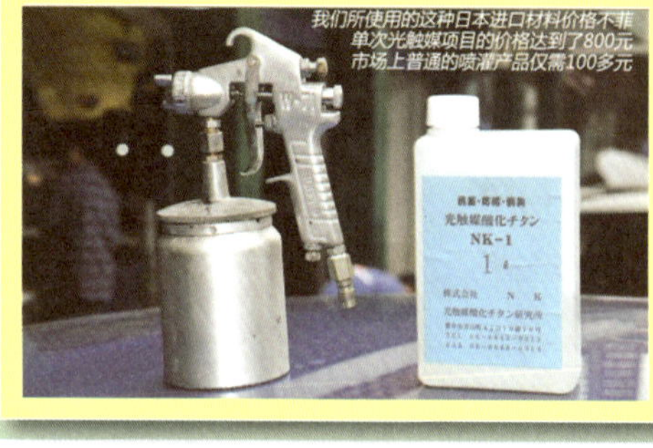

我们所使用的这种日本进口材料价格不菲
单次光触媒项目的价格达到了800元
市场上普通的喷灌产品仅需100多元

光触媒效果虽然很好
但国人总觉得不大动刀戈的项目就好比没做
那么简单的喷喷洒洒几下就得支付好几百元
还没法立刻看到效果

第五节 车室高温蒸汽消毒

高温蒸汽消毒又被业内俗称为“高温桑拿”，本质上就是通过高温蒸汽使车内的织物纤维组织和皮革组织扩张从而排出污物，同时掺入除菌剂之后通过高温使之汽化，也可以同时起到给车内消毒的目的。

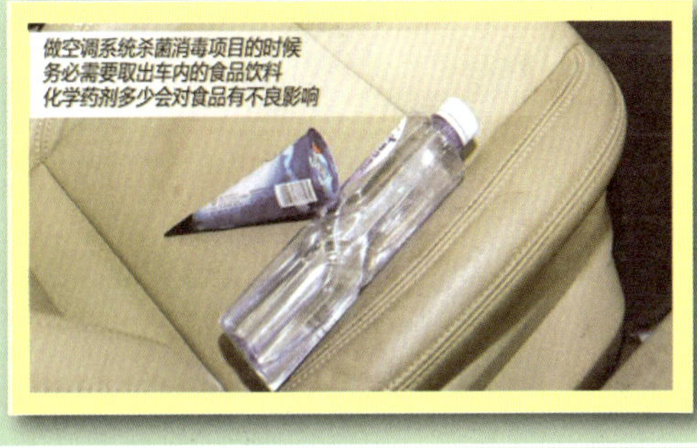

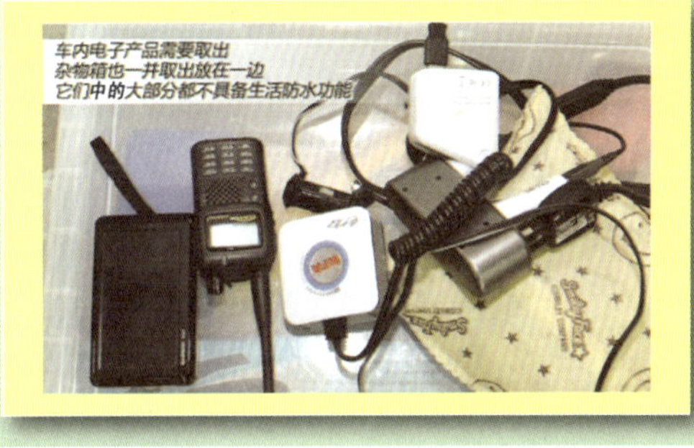

由于高温消毒会产生大量的水蒸气，因此在做这个项目之前，务必要取出车内所有的附加电子产品及食品、饮料等。在开始之前，工人会帮忙在车内垫上毛巾防止蒸汽产生的污水流下后弄脏车内地板。

在做车内高温消毒的同时，有些消费者可能会根据自身洗好选择添加不同香型的香水，但是我们并不提倡大家这么做，因为这个项目完全在高温状态下进行，别说是劣质车用香水，哪怕是正规的香水产品都可能会因此而产生化学变化，对车内造成二次污染。

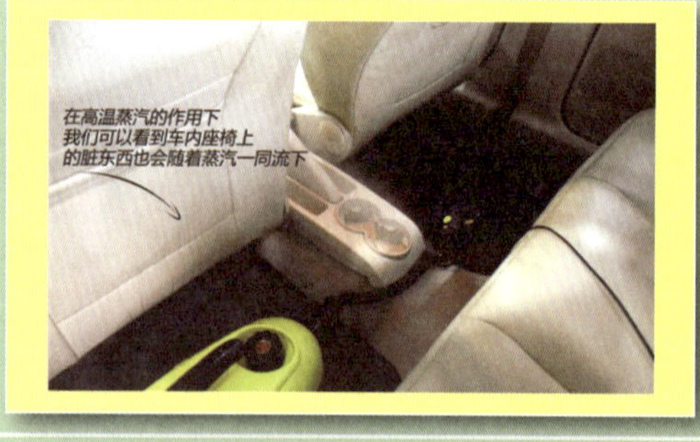

车内高温消毒的时间长短是非常讲究的，时间短了杀菌、除污垢的效果有限，时间长了水蒸气过多可能会影响车内的电子元器件，造成安全隐患，所以专家的建议是最好以不要超过30min为宜。在消毒过程完成后，要用干毛巾将车内的各个角落都擦拭一遍，将附在表面的污垢擦去，细致的工人还会用刮板替车主将车内的玻璃处理干净。

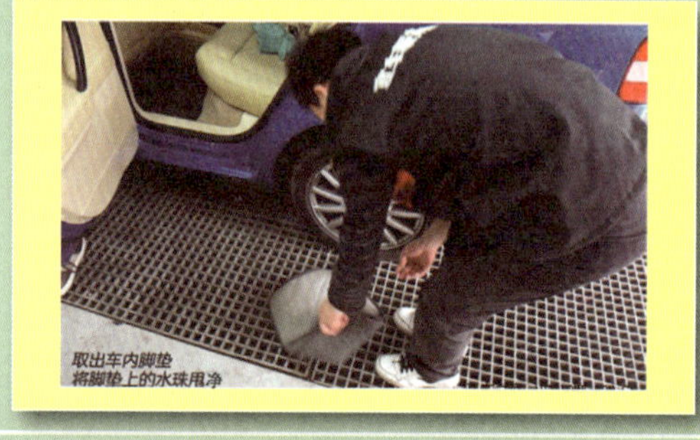

通过高温消毒杀菌之后，最明显的效果就是车内环境变好了，不仅各角落干净了不少，而且之前的异味等都因为高温蒸汽的长久作用而消失了，这些都是能够很直观地感受到的区别，单次车内高温消毒的价格为200元左右。